2/24 FREN/448/VOLT

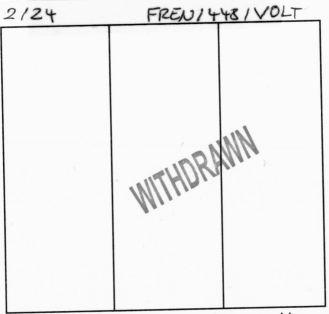

This book should be returned/renewed by the latest date shown above. Overdue items incur charges which prevent self-service renewals. Please contact the library.

Wandsworth Libraries
~~24 hour Renewal Hotline~~
~~01159 293388~~
www.wandsworth.gov.uk

L.749A (rev.11.2004)

Le monde comme il va
Jeannot et Colin

ÉTONNANTS • CLASSIQUES

VOLTAIRE

Le monde comme il va
Jeannot et Colin

Présentation, chronologie, notes et dossier par
SÉBASTIEN FOISSIER, *professeur de lettres*

Édition mise à jour pour les Nouveaux Programmes par
STÉPHANE DESPRÉS, *professeur de lettres*

Avec la participation de LAURENT JULLIER,
professeur en études de cinématographie,
pour « Un livre, un film »

Flammarion

Sur le thème « Dénoncer les travers de la société » dans la collection « Étonnants Classiques »

Du même auteur dans la collection « Étonnants Classiques »

© Éditions Flammarion, 2005.
Édition révisée en 2016.
ISBN : 978-2-0813-8585-6
ISSN : 1269-8822

SOMMAIRE

Le monde comme il va
Jeannot et Colin

■ Portrait de Voltaire tenant *La Henriade*, par Quentin de La Tour, v. 1735.

Voltaire, le « multiforme »

François Marie Arouet, né à Paris le 20 février 1694, est issu d'un milieu janséniste[1] aisé. Son père, un notaire royal qui a acheté une charge de receveur des épices à la Chambre des comptes, est très soucieux de l'avenir de son enfant. Comme sa fortune le lui permet, il le place dans l'un des meilleurs établissements parisiens, le collège Louis-le-Grand. Sous la férule des jésuites, le jeune homme très doué développe la connaissance et le goût classiques. Les pères forment son esprit à la littérature, à l'histoire et à la rhétorique[2]. François Marie noue des amitiés avec les fils de très grandes familles aristocratiques, les d'Argenson notamment. Ces relations lui seront plus tard précieuses. Au sortir du collège, il décide de ne pas suivre la carrière paternelle. Quand on lui demande de choisir un état, il répond : « Je n'en veux pas d'autre que celui d'homme de lettres[3]. »

---

1. Les jansénistes tiennent leur nom de Jansénius, théologien hollandais (1585-1638) qui s'inspirait de la doctrine sur la grâce de saint Augustin : les élus, auxquels est promis le paradis, y sont prédestinés par Dieu. Cette thèse allait à l'encontre des idées des jésuites, membres de la Compagnie de Jésus fondée en 1540 par Ignace de Loyola, théologien espagnol (1491-1556). Les jésuites défendaient l'importance de la liberté humaine et des actes de charité. Cette opposition théologique avait des prolongements moraux (morale stricte des premiers, laxisme des seconds) et politiques (volonté d'indépendance française des premiers contre une soumission totale au pape prônée par les seconds).
2. *Rhétorique* : art de bien dire.
3. Cité dans *Dictionnaire des Lettres françaises, le XVIIIe siècle*, Fayard, 1995, art. « Voltaire ».

Et, de fait, il écrit. Sa verve satirique et son esprit le font remarquer des princes et des salons en même temps qu'ils lui attirent des ennuis. Après la mort de Louis XIV (1715), il rédige une épigramme[1] latine contre le Régent[2] et doit s'exiler en province. Dès son retour, il récidive par un libelle[3] qui l'envoie pour onze mois à la Bastille. C'est au cachot que le jeune poète met la dernière main à sa tragédie *Œdipe* et commence son œuvre épique, *La Henriade*. Reçu par le duc d'Orléans à sa sortie de prison, l'écrivain lui dit plaisamment : « Monseigneur, je trouverais très doux que Sa Majesté daignât se charger de ma nourriture mais je supplie Votre Altesse de ne plus se charger de mon logement[4]. »

En 1718, *Œdipe* est donné sous le nom anagrammatique de Voltaire[5]. La pièce connaît un succès considérable et le dramaturge accède au statut d'homme de lettres reconnu. Il est même en passe de devenir poète officiel, lorsqu'un de ses mots d'esprit adressé au chevalier de Rohan-Chabot lui vaut une bastonnade et provoque son départ pour l'Angleterre.

Le lieu de cet exil n'est pas anodin. Voltaire choisit une terre de liberté, « un pays où l'on pense librement et noblement, sans être retenu par aucune crainte servile[6] ». Du point de vue politique, la monarchie parlementaire anglaise semble exemplaire à beaucoup de penseurs de cette époque. Pendant les deux ans et

---

1. *Épigramme* : petit poème satirique.
2. *Régent* : personne qui gouverne une monarchie pendant la minorité ou l'absence du roi. Le duc Philippe d'Orléans fut régent du royaume de France pendant la minorité de Louis XV, de 1715 à 1723.
3. *Libelle* : écrit court de caractère satirique, diffamatoire.
4. *Dictionnaire des Lettres françaises*, le XVIIIe siècle, *op. cit.*
5. Voltaire serait en effet l'anagramme d'Arouet L(e) J(eune). À l'époque, les lettres J et U s'écrivaient respectivement I et V.
6. *Dictionnaire des Lettres françaises*, le XVIIIe siècle, *op. cit.*

demi qu'il passe en Angleterre, Voltaire est fort bien reçu et emploie tout son temps à observer et à écrire. Il acquiert une bonne connaissance de l'anglais et publie même dans cette langue. Il rencontre les plus grands auteurs de ce pays, notamment Jonathan Swift, qui donne en 1726 *Les Voyages de Gulliver*[1]. Il s'intéresse à cette « nation de philosophes », à son économie, à sa politique et à sa religion. Il lit dans le texte les œuvres du philosophe anglais John Locke et assiste à l'enterrement d'Isaac Newton dont le génie scientifique le fascine. Dans le même temps, il publie *La Henriade* (1728), une épopée dédiée à la reine d'Angleterre, qui le consacre comme le Virgile français.

De retour à Paris en 1729, Voltaire travaille à des ouvrages en vers et en prose (*Histoire de Charles XII*, 1731). *Zaïre* (1732), pièce écrite en trois semaines, reçoit un accueil triomphal. Nous avons aujourd'hui une vision parcellaire de l'œuvre de Voltaire qui nous fait ignorer l'immense retentissement littéraire qu'elle eut en son siècle. Voltaire excelle dans toutes les formes classiques, aussi bien dans la tragédie que dans l'épopée, dont il est pour ses contemporains le maître incontesté.

Son talent « multiforme », pour reprendre l'épithète qu'utilisait à son égard le mathématicien d'Alembert, trouve encore une nouvelle source d'inspiration dans l'étude de la politique, des sciences et des idées. En 1734, les *Lettres philosophiques* ou *Lettres anglaises* propulsent l'impertinent Voltaire au rang des plus importants « philosophes ». Il connaît la gloire et les désagréments qui, en ce temps-là, accompagnent cette distinction intellectuelle. L'ouvrage publié sans autorisation est immédiatement condamné à être brûlé. Voltaire doit fuir la répression. Il trouve refuge chez Mme Du Châtelet au château de Cirey, à

---

1. Swift, *Voyage à Lilliput*, Flammarion, coll. « Étonnants Classiques », 2004.

quelques lieues de la frontière lorraine. Là, il embellit le domaine à ses frais et consacre des journées entières à l'étude des sciences, dont est férue la marquise devenue son amante. L'œuvre de vulgarisation scientifique est chère à Voltaire qui publie les *Éléments de la philosophie de Newton* (1738) et la *Métaphysique de Newton* (1740). Le soir, il distrait la bonne compagnie de petites pièces littéraires en vers ou en prose. Tout le temps de Cirey, son succès théâtral ne se démentira pas (*Mahomet*, 1742 ; *Mérope*, 1743). C'est aussi de cette époque que date la rédaction de contes comme *Micromégas*[1].

Voltaire voyage en Belgique, en Hollande et en Prusse. Il entretient une vaste correspondance qui l'occupe quotidiennement. Depuis 1736, il écrit à Frédéric de Prusse, prince éclairé, qui devient roi en 1740.

À partir de 1744, Voltaire revient en grâce à la cour. L'appui de d'Argenson, son condisciple de Louis-le-Grand devenu ministre, et celui de Mme Lenormand d'Étioles, future marquise de Pompadour, contribuent à sa nomination en qualité d'historiographe[2] du roi et à son entrée à l'Académie française (1746). Cette reconnaissance officielle n'assagit pas le turbulent Voltaire qui multiplie les insolences. Il doit fuir de nouveau. On retrouve des allusions aux aléas de la vie de cour dans *Zadig* (1747). Cette fois, l'écrivain se réfugie à Sceaux auprès de la duchesse du Maine avant de regagner Cirey. À cela se joignent les déconvenues sentimentales : Émilie Du Châtelet trompe Voltaire avec Saint-Lambert (1716-1803), un jeune poète spirituel et beau. Elle attend de lui un enfant, mais meurt des suites de l'accouchement le 10 septembre 1749. Voltaire, inconsolable, finit par

---

1. Voltaire, *Micromégas*, GF-Flammarion, coll. « Étonnants Classiques », 2001.
2. *Historiographe* : celui qui reçoit officiellement la charge d'écrire l'histoire d'un prince, d'un règne.

céder aux invitations répétées de Frédéric II, dont il devient le chambellan à Potsdam en 1750. Cette amitié orageuse trouvera son terme trois ans plus tard.

À Paris, comme à Berlin, Voltaire a du mal à être un sujet. Il se retire donc en 1754 dans la république de Genève, où il croit trouver la paix au domaine de Sur-Saint-Jean, rebaptisé « Les Délices ». Il a soixante ans. Après *Le Siècle de Louis XIV* (1752), qui a renouvelé l'approche de l'histoire par la pratique de l'enquête auprès de témoins vivants, Voltaire donne son *Essai sur les mœurs et l'esprit des Nations* (1756) dans lequel il démontre les horreurs qui font l'histoire de l'humanité. Il fournit à cette époque plusieurs articles pour l'*Encyclopédie* de Diderot et d'Alembert. Sa verve et sa renommée ne faiblissent pas. *Candide* paraît en 1759. Chef de file et animateur virulent du « parti philosophique », Voltaire s'expose à de violentes critiques, notamment celles de L'*Année littéraire* de Fréron ou du *Mercure de France*. Il rend coup pour coup.

Voltaire a compris assez tôt qu'indépendance intellectuelle allait de pair avec aisance financière. Il est heureux au jeu et avisé en affaires. Aussi, quand les Genevois regardent d'un mauvais œil les pièces de théâtre jouées aux Délices, le dramaturge puise dans sa fortune considérable pour acquérir le château de Ferney et celui de Tourney, près de Genève, mais en terre française. Un pied dans chaque nation, il s'estime à l'abri des deux gouvernements.

Le philosophe de Ferney consacre alors sa « formidable puissance de frappe polémique [1] » à lutter contre l'intolérance sous toutes ses formes, et particulièrement religieuse. En 1762, Jean Calas, négociant protestant, est mis à mort sur la roue, injustement accusé d'avoir assassiné son fils pour l'empêcher de se convertir au catholicisme. Voltaire s'empare de l'affaire. L'iniquité

---

1. Jean Goldzink, *Histoire de la littérature française, XVIIIe siècle*, Bordas, 1988.

du procès puis de la sentence révolte le citoyen de Ferney qui pendant quatre ans multiplie les actions pour la réhabilitation de Calas. Il en réfère au duc de Choiseul, à Frédéric II, avec lequel il est réconcilié, et à son amie et correspondante Catherine II de Russie. Toute l'Europe sollicitée prend parti. Calas est réhabilité en 1766. Mais Voltaire plaide maintenant la cause des Sirven, accusés à tort de la mort de leur fille, puis celle du Chevalier de La Barre exécuté à dix-neuf ans pour blasphème. Ferney est moins une retraite qu'un camp retranché contre l'« Infâme », l'intolérance catholique. Voltaire travaille énormément, reçoit la moitié de l'élite européenne quand l'autre lui écrit. Il contribue au débat d'idées (*Traité sur la tolérance*, 1763 ; *Dictionnaire philosophique*, 1769) et s'illustre dans la forme littéraire qui fera sa postérité : le conte philosophique (*Candide*, 1759 ; *L'Ingénu*, 1767).

Louis XV meurt en 1774. À l'avènement de Louis XVI, le personnel ministériel est renouvelé. Des progressistes comme Turgot et Malesherbes sont nommés. Voltaire peut envisager de reparaître à Paris. C'est ce qu'il fait en 1778, âgé de quatre-vingt-quatre ans, à l'occasion de la mise en scène de sa tragédie *Irène*. Après vingt-huit ans d'absence, son retour est un événement. La ville en émoi l'accueille mieux qu'un souverain ; la cour, elle, reste sur la réserve. Voltaire triomphe ; toute l'Académie lui rend visite. Il rencontre l'Américain Benjamin Franklin (1706-1790) en mission diplomatique dans la capitale. Sur scène, on couronne de lauriers sa statue.

Alors qu'il est au faîte de son rayonnement intellectuel, Voltaire décède le 30 mai 1778 d'un cancer de la prostate. Le philosophe se retire sur cette profession de foi déiste [1] : « Je meurs

---

1. *Déiste* : qui professe l'existence d'une divinité sans accepter de religion révélée ni de dogme.

en adorant Dieu, en aimant mes amis, en ne haïssant pas mes ennemis et en détestant la superstition. »

L'Église lui refuse une sépulture chrétienne et il est discrètement enterré en Champagne. Le 11 juillet 1791, la République reconnaissante répare cet outrage fait à la Raison en transférant au Panthéon les cendres du « roi philosophe ».

Des textes « à craindre »

Le monde comme il va et *Jeannot et Colin* sont deux textes complémentaires et emblématiques. Chronologiquement, vingt ans les séparent. Esthétiquement, l'un relève du conte parodique oriental, l'autre est de la veine du conte moral, mais tous deux témoignent du talent complet de l'auteur pour dénoncer la méchanceté du temps, critiquer la société de son époque, fustiger avec esprit et concision les travers humains. Les formes diffèrent mais l'intention philosophique [1] est la même.

Le monde comme il va

Certaines lettres de Voltaire datées de 1739 laissent penser que la genèse du *Monde comme il va* est contemporaine de celle de *Micromégas*. Dans une lettre du mois de janvier, Voltaire écrit : « Paris est comme la statue de Nabuchodonosor [2], en partie

---

1. L'expression « conte philosophique » n'apparaît qu'en 1771.
2. Dans la Bible, le roi Nabuchodonosor est troublé par des songes qui interviennent la deuxième année de son règne. En rêve, il voit se dresser devant lui une statue immense, à l'aspect terrible : sa tête est d'or pur, .../...

or, en partie fange. » Cela rappelle la statue « composée de tous les métaux, des terres et des pierres les plus précieuses et les plus viles » réalisée par Babouc à la fin du conte pour convaincre Ituriel de ne pas corriger Persépolis (p. 59). Néanmoins la rédaction du conte semble plus tardive. Elle daterait pour l'essentiel de l'année 1746, après que Voltaire, disgracié, a fui la cour pour se réfugier à Sceaux chez la duchesse du Maine. L'écrivain régale sa protectrice de pièces narratives courtes, parmi lesquelles notre conte mais également la célèbre histoire de *Zadig*. *Le monde comme il va* ne paraîtra en librairie qu'en 1748, à Dresde, dans le huitième tome des *Œuvres de M. de Voltaire*.

Voltaire s'est longuement intéressé aux Écritures saintes durant son séjour de Cirey. L'intrigue du *Monde comme il va* repose sur une célèbre anecdote biblique. La mission confiée à Babouc rappelle l'épisode dans lequel le prophète Jonas est envoyé par Dieu pour annoncer aux habitants de Ninive que « leur méchanceté » les expose à la colère divine. Voltaire y fait explicitement référence à la fin de son conte (p. 59). Dans un premier temps, Jonas refuse la mission que lui confie Dieu car, pense-t-il, Yahvé est un « Dieu de pitié et de tendresse, lent à la colère ». Il prend la mer, mais une tempête se déchaîne. Les matelots avec lesquels il s'est embarqué le jettent par-dessus bord pour apaiser la colère divine. Jonas est avalé par un « grand poisson » dans le ventre duquel il reste trois jours et trois nuits avant d'être recraché et d'accomplir la volonté de Dieu. Au prêche de Jonas, les

---

.../... sa poitrine et ses bras sont d'argent, son ventre et ses cuisses d'airain, ses jambes de fer et ses pieds en partie de fer et en partie d'argile. Sans le secours d'aucune main, une pierre vient frapper les pieds de la statue, qui s'effondre. Le vent emporte les morceaux tandis que la pierre demeure, qui devient une grande montagne et remplit toute la terre. Le prophète Daniel est chargé d'interpréter ce songe (Daniel, 2, 1-46).

habitants de Ninive font acte de repentance, jeûnent et se revêtent de sacs par humilité. Yahvé fait alors preuve de miséricorde et épargne la capitale assyrienne (Jonas, 1-3). Dans le conte de Voltaire, on s'aperçoit de la subversion du propos. Jonas n'était qu'un porte-voix. Il n'en va pas de même de Babouc puisque c'est sur son jugement que se conformera l'action divine. C'est laisser à la raison le pouvoir d'influencer les décisions du Ciel. À la suite des « folies et [des] excès des Perses », le Scythe Babouc est chargé par le génie Ituriel d'une mission de reconnaissance et d'observation dans leur capitale, « pour savoir si on châtierait Persépolis ou si on la détruirait » (p. 31). Par ailleurs, le nom de Babouc et celui d'Ituriel s'inspirent de l'Ancien Testament. En effet, un « Baqbüq » figure dans le Livre d'Esdras ; le nom d'Ituriel rappelle celui d'Ithiel dans le Livre des proverbes et l'Iturée, l'actuel Liban, région mentionnée dans la Genèse.

Au XVIIIe siècle, il est très courant que les auteurs donnent à leurs intrigues une couleur orientale. L'Orient est à la mode dans la société et dans les romans. En 1745, date contemporaine de la rédaction du conte, toute la cour est déguisée à la turque pour le mariage du Dauphin. L'Orient, c'est un habillage exotique et un masque philosophique. Ce voile oriental est une pure convention de style depuis le chef-d'œuvre des *Lettres persanes* de Montesquieu (1721). Au fur et à mesure qu'on découvre le monde, il est de moins en moins de place sur terre pour les utopies, et de plus en plus de matière à la relativisation de nos valeurs occidentales. L'Orient, ou tout autre ailleurs « exotique », sert de contrepoint à la réalité européenne ou de prétexte pour en dénoncer les travers.

Persépolis est le pendant oriental de Paris et Voltaire prend soin que le lecteur ne s'y trompe pas. Il multiplie les allusions et les points de repère au chapitre II. Évidemment, le parallèle ne s'arrête pas à la géographie, et une fois le décor mis en place la double lecture devient opératoire. On retrouve dans le conte les thèmes les plus chers à la critique voltairienne : la guerre, bien sûr, au premier chapitre, dont l'auteur dénonce l'absurdité et les horreurs, puis le clergé, qui se cache derrière les « mages », la population méprisable et parasite des mauvais hommes de lettres, la vénalité inique des charges de justice, et les mœurs déréglées de la « bonne » société. Pourtant, le conte ne s'en tient pas à cet état des lieux de la condition humaine : Babouc possède le don de « discernement », c'est-à-dire la capacité de peser « le pour et le contre », pour reprendre le titre d'un autre texte de Voltaire. L'esprit philosophique juge de la complexité des choses avec mesure, et Babouc s'extasie avec Voltaire dramaturge de la beauté et des vertus du théâtre, sait admirer la sagesse de certains auteurs et l'agrément de la bonne compagnie de Téone (chapitre XII). Le relativisme du texte va plus loin encore : il peut ressortir du mal quelque bien. La guerre produit aussi des héros, la vénalité des charges des juges raisonnables (chapitres X-XI), et la multitude des congrégations de vertueux pédagogues. Le conte aboutit progressivement et logiquement à une leçon de relativisme philosophique. Il s'achève sur une représentation symbolique de l'humanité faite d'or et de fange. Voltaire apprécie ces fins « à demi-mot », parfois énigmatiques, qui déstabilisent le lecteur et permettent au questionnement philosophique de survivre dans les esprits [1]. Le conte ne résout finalement pas les problèmes, il pose la complexité du monde appréhendée par une raison humaine imparfaite. En forme de conclusion, ou d'échappatoire ironique peut-être, on retrouve le titre de l'œuvre, inspiré,

---

1. On se souvient du « jardin » de *Candide* ou du livre aux pages blanches de *Micromégas*.

délicieux paradoxe, d'une maxime monacale : « Laisser aller le monde comme il va, faire son devoir tellement quellement, et dire toujours du bien de Monsieur le Prieur [1]. »

Les rééditions corrigées de *Babouc* sont régulières du vivant de l'auteur. Les douze numéros de chapitre disparaissent fortuitement dans l'édition de 1756. Le titre définitif de l'œuvre date de 1764 : *Le monde comme il va. Vision de Babouc écrite par lui-même.* L'ajout est énigmatique, car rien ne dit à la lecture du conte que l'histoire de Babouc est le fruit d'une « vision », d'une hallucination. Le lecteur aura également remarqué que Babouc n'est pas l'instance narrative. Les spécialistes supposent que le titre indique une intention chez l'auteur de modifier le conte, intention à laquelle il n'aurait pas donné suite. À la fin du XVIIIe siècle, on trouve en revanche trois continuations de *Babouc*, dont l'une, *Le Retour de Babouc à Persépolis, ou la Suite du Monde comme il va* (1789), est attribuée par certains critiques à Choderlos de Laclos (1741-1803).

Jeannot et Colin

Jeannot et Colin est un texte beaucoup plus tardif. Il fait partie des *Contes de Guillaume Vadé* parus à la fin d'avril 1764. Pour cet ouvrage, Voltaire a « emprunté » le nom d'un mort, Jean-Joseph Vadé (1720-1757), obscur rimailleur, et lui a inventé une famille dans laquelle Guillaume, l'un des fils, signe *Jeannot et Colin*. L'usage du pseudonyme ou de l'anonymat est une pratique courante au XVIIIe siècle. On estime que Voltaire a publié sous près de cent soixante-quinze noms différents ! La rédaction

---

1. Citée par Voltaire dans son opuscule « Ce qu'on ne fait pas et qu'on pourrait faire » (1745), reprise par Diderot dans *Le Neveu de Rameau* (1762).

de *Jeannot et Colin*, peu modifiée au fil des rééditions, date de Ferney.

Paru trois ans après *Les Contes moraux* de Marmontel, *Jeannot et Colin* s'inspire d'un genre initié par l'abbé de Voisenon : le conte moral. Il met en scène deux héros éponymes[1], amis dès l'enfance mais que la fortune va séparer. Cette histoire d'amitié malmenée invite à la critique d'une société où l'on est trop souvent guidé par les intérêts et non par le cœur. La teneur morale du conte de Voltaire est évidente. Pour autant, le texte se désengage dès la situation initiale d'un ton trop sentencieux en privilégiant les clins d'œil ironiques. En plus de ses caractéristiques édifiantes[2], ce texte possède, derrière les sourires du narrateur, des intentions philosophiques mordantes.

Comblé par la providence, Jeannot, devenu « monsieur le marquis de la Jeannotière », sera victime de sa bonne fortune. Il incarne un personnage aveuglé par ses privilèges : « Jeannot n'étudia plus, se regarda au miroir, et méprisa tout le monde » (p. 64). Voltaire lui oppose la lucidité affligée de Colin avant d'en venir très vite au cœur de son propos : un tableau satirique de la bonne société parisienne. Dans une scène presque théâtrale où affleurent des réminiscences[3] des textes de Molière, un gouverneur ignorant, dont l'aplomb fait rire le lecteur clairvoyant, démontre aux parents de Jeannot l'inutilité des sciences et des arts. L'art de Voltaire est celui de dire le contraire de ce qu'il veut faire entendre. On observe un décalage entre l'expression et le fond de la pensée. Pour que le lecteur en prenne conscience, le narrateur laisse différents indices dans son texte. Arguments de fausse logique, constats apparemment objectifs d'absurdités, jeux sur

---

1. *Éponymes* : qui donnent leurs noms à l'œuvre.
2. *Édifiantes* : qui portent à la vertu.
3. *Réminiscences* : souvenirs.

l'expression, tout concourt à rire de l'ignorance stupide des personnages et à réfléchir sur la vacuité morale des valeurs de cour. Dans ce monde étroit aux valeurs corrompues, « la grande fin de l'homme est de réussir dans la société » (p. 70). Pour y parvenir, celui qui sait « les moyens de plaire » sait tout. L'argent supplée au savoir et la qualité d'un homme se mesure à l'aune de sa fortune. Enfin, il faut apprendre « à être aimable », et l'on voit que Jeannot, dont le seul talent est de chanter joliment des vaudevilles, présente les meilleures dispositions pour se rendre propre à rien. Viennent les honneurs et quelques succès de circonstances qui précèdent l'inévitable déchéance. Le petit marquis se trouve rapidement ruiné par les dépenses excessives que ses parents ont faites pour l'introduire dans le beau monde. Il perd avec sa fortune l'amour de sa promise, le soutien de son gouverneur et la considération du confesseur de sa mère : « Il fut traité à peu près de même par ses amis, et apprit mieux à connaître le monde dans une demi-journée que dans tout le reste de sa vie » (p. 75). S'ensuit, comme élément de résolution, le retour aussi inopiné qu'opportun de l'ancien compagnon, Colin. Ce dernier a réussi dans les affaires par un labeur honnête et a conservé sa bonté d'âme première. Confronté à ces épreuves et bouleversé par la générosité de son ami, le personnage de Jeannot évolue : « partagé entre la douleur et la joie, la tendresse et la honte », il sent se développer en lui « le germe du bon naturel que le monde n'avait pas encore étouffé » et voit enfin « que le bonheur n'est pas dans la vanité » (p. 77).

Le recueil connaît un succès important et de nombreuses rééditions au XVIIIe siècle. *Jeannot et Colin* est même porté à la scène en trois actes par Florian en 1780. La teneur moralisante de la situation finale a assuré le succès du conte auprès des pédagogues du XIXe siècle.

Voltaire est convaincu de l'efficacité argumentative des formes littéraires courtes : « Jamais vingt volumes in-folio ne feront de révolution, écrit-il au directeur de l'*Encyclopédie*, ce sont les petits livres à trente sous qui sont à craindre[1]. » *Le monde comme il va* et *Jeannot et Colin* témoignent de l'art de Voltaire qui sait utiliser la forme du conte, oriental ou moral, pour la mettre au service de ses idées, en exploiter l'efficacité narrative, en subvertir la portée et les intentions et proposer un genre nouveau : le conte dit « philosophique ». Là où la forme traditionnelle ne fait que distraire ou édifier, le texte de Voltaire, en plus, dénonce et instruit. Et dans cette mesure, il prend en compte (en conte) un élément nouveau et essentiel : le lecteur. Le texte de Voltaire est exigeant parce qu'il ne se livre qu'au lecteur complice, actif, toujours prompt à déchiffrer les sous-entendus de son ironie et qui, consentant cet effort, ne veut pas qu'on lui montre le monde, mais qu'on lui apprenne à le regarder. Un lecteur « philosophe » en somme.

---

1. Lettre à d'Alembert du 5 mars 1766.

CHRONOLOGIE

1643 1793
1643 1793

- ◼ **Repères historiques et culturels**
- ◼ **Vie et œuvre de l'auteur**

Repères historiques et culturels

1643	Début du règne de Louis XIV.
1682	Bayle, *Pensées diverses écrites à un docteur de la Sorbonne à l'occasion de la Comète de 1680*.
1695	Bayle, *Dictionnaire historique et critique*.
1704	Début de la traduction des *Mille et Une Nuits* par Antoine Galland.
1715	Mort de Louis XIV. Régence de Philippe d'Orléans.
1721	Montesquieu, *Lettres persanes*.
1723	Mort du Régent. Début du règne personnel de Louis XV.
1726	Swift, *Voyages de Gulliver*.

Vie et œuvre de l'auteur

1694	Naissance à Paris de François Marie Arouet, fils d'un riche notaire.
1695	Mort de sa mère.
1704-1711	Il effectue de brillantes études chez les jésuites, au collège Louis-le-Grand, à Paris.
1711	Il commence des études de droit.
1713	Il est nommé secrétaire d'ambassade à La Haye.
1716	Il est contraint de s'exiler à Tulle, puis à Sully-sur-Loire, pour avoir écrit des vers satiriques contre le régent Philippe d'Orléans.
1717-1718	Il est emprisonné à la Bastille pour la même raison. François Marie Arouet prend le pseudonyme de Voltaire et rencontre son premier grand succès avec une tragédie, *Œdipe*.
1719-1724	Voltaire est reçu par l'aristocratie comme poète mondain.
1725	Il organise les divertissements du mariage de Louis XV et devient poète officiel de la cour.

Repères historiques et culturels

1727   Mort de Newton.

1731   Prévost, *Manon Lescaut*.

1736   Montesquieu, *Considérations sur les causes de la grandeur des Romains et de leur décadence*.

1740   Début du règne de Frédéric II, roi de Prusse.

1745   Mme de Pompadour, favorite de Louis XV.

Vie et œuvre de l'auteur

1726-1728	À la suite d'une querelle avec le chevalier de Rohan, il est bastonné, emprisonné à la Bastille puis exilé en Angleterre. Il publie à Londres *La Henriade*, poème épique sur Henri IV et les guerres de Religion.
1729	Voltaire est de retour à Paris.
1731	Il fait paraître son *Histoire de Charles XII*.
1732	Il triomphe de nouveau avec une tragédie, *Zaïre*.
1734	Il publie ses *Lettres philosophiques*. Menacé d'arrestation, il se réfugie en Lorraine chez son amie Mme Du Châtelet.
1736	Son poème satirique *Le Mondain* déclenche un scandale. Voltaire s'exile en Hollande. Début de sa correspondance avec Frédéric II.
1737-1739	Voltaire est de retour à Paris. Il publie *Discours en vers sur l'homme*. Les premiers chapitres de son *Siècle de Louis XIV* sont saisis.
1740-1743	Sa tragédie *Mahomet ou le Fanatisme* est interdite à Paris. Sa tragédie *Mérope* rencontre un vif succès. Voltaire est envoyé en mission diplomatique en Prusse auprès de Frédéric II.
1744	Il revient en grâce auprès de Louis XV.
1745	Il est nommé historiographe du roi.
1746	Il rédige probablement *Babouc* à cette époque. Il est élu à l'Académie française.

Repères historiques et culturels

1748	Montesquieu, *De l'esprit des lois*.
1751	Tome I de l'*Encyclopédie*.
1752	Première condamnation de l'*Encyclopédie*.
1754	Rousseau, *Discours sur l'origine et les fondements de l'inégalité parmi les hommes*.
1755	Tremblement de terre de Lisbonne.
1756	Début de la guerre de Sept Ans.
1757	Menaces contre les philosophes : la publication de l'*Encyclopédie* est interrompue.
1761	Marmontel, *Contes moraux*. Début du procès des jésuites au parlement de Paris. Rousseau, *La Nouvelle Héloïse*.

Vie et œuvre de l'auteur

1747   Voltaire est de nouveau en disgrâce. Il s'exile
en Lorraine et publie *Memnon*, la première version
de *Zadig ou la Destinée*.

1748   *Le monde comme il va* paraît.

1749   Mort de Mme Du Châtelet.

1750-1753   Voltaire séjourne à Berlin chez Frédéric II avec
lequel il se brouille. Il est interdit de séjour à Paris.
Il publie *Le Siècle de Louis XIV* puis *Micromégas*.

1753-1757   Il séjourne en Alsace et dans sa propriété suisse
des Délices, fait paraître un *Essai sur les mœurs* puis
son *Poème sur le désastre de Lisbonne*, et commence
à collaborer à l'*Encyclopédie*.

1758   Voltaire achète une propriété à Ferney, à la frontière
suisse.

1759   *Candide ou l'Optimisme* rencontre un immense succès.

Repères historiques et culturels

1762	Début de l'affaire Calas, protestant injustement accusé du meurtre de son fils et exécuté (voir présentation, p. 9). Expulsion des jésuites hors de France.
1763	Traité de Paris (fin de la guerre de Sept Ans).
1765	Début de la rédaction des *Confessions* par Rousseau.
1766	Exécution du chevalier de La Barre pour impiété. *Le Dictionnaire philosophique* est brûlé sur son corps.
1774	Mort de Louis XV. Début du règne de Louis XVI.
1775	Guerre d'indépendance américaine. Beaumarchais, *Le Barbier de Séville*.
1780	*Jeannot et Colin*, adapté à la scène par Florian.
1789	*Le Retour de Babouc à Persépolis*, anonyme. Prise de la Bastille (14 juillet). Début de la Révolution française.
1793	Louis XVI est guillotiné.

Vie et œuvre de l'auteur

1762	Voltaire s'engage dans l'affaire Calas.
1763	Il publie son *Traité sur la tolérance*.
1764	Il fait paraître *Jeannot et Colin*, dans les *Contes de Guillaume Vadé*, et son *Dictionnaire philosophique portatif*.
1765	Voltaire obtient la réhabilitation de Jean Calas.
1767	Il fait paraître *L'Ingénu*.
1768	Il publie *La Princesse de Babylone*, *L'Homme aux quarante écus*.
1770-1772	Voltaire travaille à son ultime somme philosophique, les *Questions sur l'Encyclopédie*.
1776	Il fait imprimer *La Bible enfin expliquée*.
1778	De retour à Paris, après vingt-huit ans d'absence, il reçoit un accueil triomphal. Voltaire meurt le 30 mai.
1791	Transfert des cendres de Voltaire au Panthéon.

NOTE DE L'ÉDITEUR : pour l'établissement des textes, nous suivons l'édition de Kehl, de 1784, en rétablissant dans ses douze chapitres originels, par respect de l'œuvre et pour des commodités d'étude, *Le monde comme il va* (édition Cramer, 1756).

Le monde comme il va

Vision de Babouc écrite par lui-même

Chapitre premier

Parmi les génies[1] qui président aux empires du monde, Ituriel tient un des premiers rangs, et il a le département de la haute Asie[2]. Il descendit un matin dans la demeure du Scythe[3] Babouc, sur le rivage de l'Oxus[4], et lui dit : « Babouc,
5 les folies et les excès des Perses ont attiré notre colère ; il s'est tenu hier une assemblée des génies de la haute Asie pour savoir si on châtierait Persépolis[5] ou si on la détruirait. Va dans cette ville, examine tout ; tu reviendras m'en rendre un compte fidèle ; et je me déterminerai, sur ton rapport, à

---

1. *Génies* : ici, esprits, divinités. Le terme évoque l'Orient.

2. *Haute Asie* : partie de l'Asie qui est éloignée de la mer.

3. Dans l'Antiquité, les Scythes peuplaient la région correspondant au sud de la Russie, au nord-ouest de ce qu'on appelait l'Asie. Pour les auteurs du XVIIIe siècle, ils représentent un peuple barbare dont la culture grossière s'oppose à celle des Grecs (voir Jean de La Fontaine, « Le Philosophe scythe », *Fables*, livre XII, 20). En 1767, Voltaire donnera une tragédie intitulée *Les Scythes*.

4. *Oxus* : fleuve d'Asie appelé aujourd'hui Amou-Daria, qui prend sa source en Afghanistan. Autrefois, il se jetait dans la mer d'Aral.

5. *Persépolis* : étymologiquement la « cité » (du grec *polis*) « des Perses » ; Persépolis est une ancienne cité royale fondée par Darios Ier (fin du VIe siècle av. J.-C.), emblème d'une civilisation raffinée, et détruite par Alexandre le Grand en 331 av. J.-C.

10 corriger la ville ou à l'exterminer[1]. – Mais, Seigneur, dit hum-
blement Babouc, je n'ai jamais été en Perse ; je n'y connais
personne. – Tant mieux, dit l'ange, tu ne seras point partial[2] ;
tu as reçu du ciel le discernement[3] et j'y ajoute le don d'ins-
pirer la confiance ; marche, regarde, écoute, observe, et ne
15 crains rien ; tu seras partout bien reçu. »

Babouc monta sur son chameau et partit avec ses servi-
teurs. Au bout de quelques journées, il rencontra vers les
plaines de Sennaar[4] l'armée persane qui allait combattre
l'armée indienne. Il s'adressa d'abord à un soldat qu'il
20 trouva écarté. Il lui parla, et lui demanda quel était le sujet
de la guerre. « Par tous les dieux, dit le soldat, je n'en sais
rien. Ce n'est pas mon affaire : mon métier est de tuer et
d'être tué pour gagner ma vie ; il n'importe qui je serve[5].
Je pourrais bien même dès demain passer dans le camp
25 des Indiens, car on dit qu'ils donnent près d'une demi-
drachme[6] de cuivre par jour à leurs soldats de plus que
nous n'en avons dans ce maudit service de Perse. Si vous
voulez savoir pourquoi on se bat, parlez à mon capitaine. »

Babouc, ayant fait un petit présent au soldat, entra dans le
30 camp. Il fit bientôt connaissance avec le capitaine, et lui

---

1. La mission confiée à Babouc rappelle un fameux épisode de la Bible
dans lequel le prophète Jonas est envoyé par Dieu pour prêcher sa Parole
aux habitants de la ville de Ninive (voir présentation, p. 12).

2. *Tu ne seras point partial* : tu ne prendras pas parti ; tu seras objectif.

3. *Discernement* : capacité de bien juger des choses que l'on voit.

4. *Sennaar* : désigne en Perse la région de Babylone, aujourd'hui l'Irak.
Dans la Bible, c'est un lieu où se déroulent de nombreux combats.

5. *Il n'importe qui je serve* : peu m'importe qui je sers.

6. *Drachme* : unité de monnaie dans la Grèce antique. La drachme était
usuellement d'argent et valait peu. La drachme de cuivre était encore plus
négligeable. C'est dire ce que représente « une demi-drachme »…

demanda le sujet de la guerre. « Comment voulez-vous que je le sache ? dit le capitaine, et que m'importe ce beau sujet ? J'habite à deux cents lieues[1] de Persépolis ; j'entends dire que la guerre est déclarée ; j'abandonne aussitôt ma famille et je vais
35 chercher, selon notre coutume, la fortune ou la mort, attendu que[2] je n'ai rien à faire. – Mais, vos camarades, dit Babouc, ne sont-ils pas un peu plus instruits[3] que vous ? – Non, dit l'officier, il n'y a guère que nos principaux satrapes[4] qui savent bien précisément pourquoi on s'égorge. »

40 Babouc, étonné, s'introduisit chez les généraux ; il entra dans leur familiarité[5]. L'un d'eux lui dit enfin : « La cause de cette guerre, qui désole[6] depuis vingt ans l'Asie, vient originairement d'une querelle entre un eunuque[7] d'une femme du grand roi de Perse et un commis[8] d'un bureau du grand
45 roi des Indes. Il s'agissait d'un droit qui revenait à peu près à la trentième partie d'une darique[9]. Le premier ministre des Indes et le nôtre soutinrent dignement les droits de leurs maîtres. La querelle s'échauffa. On mit de part et d'autre en campagne une armée d'un million de soldats. Il
50 faut recruter[10] cette armée tous les ans de plus de quatre

---

1. *Deux cents lieues* : près de huit cents kilomètres ; par cette indication, le capitaine signale son éloignement géographique de Persépolis. La lieue est une ancienne mesure de distance valant environ quatre kilomètres.

2. *Attendu que* : étant donné que.

3. *Instruits* : informés.

4. *Satrapes* : dans la Perse ancienne, gouverneurs d'une province.

5. *Familiarité* : ici, intimité.

6. *Désole* : ravage.

7. *Eunuque* : homme châtré employé à la garde des femmes dans un harem.

8. *Commis* : employé.

9. *Darique* : monnaie d'or des anciens Perses, du nom de Darios Ier, roi fondateur de Persépolis.

10. *Recruter* : ici, renouveler.

cent mille hommes. Les meurtres, les incendies, les ruines, les dévastations se multiplient ; l'univers souffre, et l'acharnement continue. Notre premier ministre et celui des Indes protestent souvent qu'ils n'agissent que pour le bonheur du genre humain ; et à chaque protestation il y a toujours quelques villes détruites et quelques provinces ravagées. »

Le lendemain, sur un bruit qui se répandit que la paix allait être conclue, le général persan et le général indien s'empressèrent de donner bataille ; elle fut sanglante. Babouc en vit toutes les fautes[1] et toutes les abominations ; il fut témoin des manœuvres des principaux satrapes, qui firent ce qu'ils purent pour faire battre leur chef. Il vit des officiers tués par leurs propres troupes ; il vit des soldats qui achevaient d'égorger leurs camarades expirants pour leur arracher quelques lambeaux sanglants, déchirés et couverts de fange[2]. Il entra dans les hôpitaux où l'on transportait les blessés, dont la plupart expiraient par[3] la négligence inhumaine de ceux mêmes que le roi de Perse payait chèrement pour les secourir. « Sont-ce là des hommes, s'écria Babouc, ou des bêtes féroces ? Ah ! je vois bien que Persépolis sera détruite. »

Occupé de cette pensée, il passa dans le camp des Indiens. Il y fut aussi bien reçu que dans celui des Perses, selon ce qui lui avait été prédit ; mais il y vit tous les mêmes excès qui l'avaient saisi d'horreur. « Oh, oh ! dit-il en lui-même, si l'ange Ituriel veut exterminer les Persans, il faut

---

1. *Fautes* : « Péché[s], action[s] faite[s] contre la loi divine, ou humaine » (*Dictionnaire* de Furetière, 1690). Le sens du mot est ici très fort, accusateur.

2. *Fange* : boue.

3. *Par* : à cause de.

donc que l'ange des Indes détruise aussi les Indiens. »
S'étant ensuite informé plus en détail de ce qui s'était passé
dans l'une et l'autre armée, il apprit des actions de généro-
80 sité, de grandeur d'âme, d'humanité, qui l'étonnèrent et le
ravirent. « Inexplicables humains, s'écria-t-il, comment pouvez-vous réunir tant de bassesse et de grandeur, tant de
vertus et de crimes ? »

     Cependant la paix fut déclarée. Les chefs des deux
85 armées, dont aucun n'avait remporté la victoire, mais qui,
pour leur seul intérêt, avaient fait verser le sang de tant
d'hommes, leurs semblables, allèrent briguer[1] dans leurs
cours des récompenses. On célébra la paix dans des écrits
publics qui n'annonçaient que le retour de la vertu et de la
90 félicité[2] sur la terre. « Dieu soit loué ! dit Babouc ; Persépolis sera le séjour de l'innocence épurée[3] ; elle ne sera point
détruite, comme le voulaient ces vilains génies : courons
sans tarder dans cette capitale de l'Asie. »

Chapitre II

     Il arriva dans cette ville immense par l'ancienne entrée,
qui était toute barbare[4] et dont la rusticité[5] dégoûtante
offensait les yeux[6]. Toute cette partie de la ville se ressentait

---

1. *Briguer* : manœuvrer pour obtenir des avantages immérités.
2. *Félicité* : grand bonheur.
3. *Épurée* : rachetée, au sens moral du terme.
4. *Barbare* : grossière, de mauvais goût.
5. *Rusticité* : manque de raffinement.
6. Il faut voir Paris derrière Persépolis. Une des anciennes entrées
de Paris, celle du faubourg Saint-Marceau, donne un spectacle de .../...

du temps où elle avait été bâtie ; car, malgré l'opiniâtreté[1]
des hommes à louer l'antique aux dépens du moderne, il
faut avouer qu'en tout genre les premiers essais sont toujours grossiers.

Babouc se mêla dans la foule d'un peuple composé de ce
qu'il y avait de plus sale et de plus laid dans les deux sexes.
Cette foule se précipitait d'un air hébété[2] dans un enclos
vaste et sombre. Au bourdonnement continuel, au mouvement qu'il y remarqua, à l'argent que quelques personnes
donnaient à d'autres pour avoir droit de s'asseoir[3], il crut
être dans un marché où l'on vendait des chaises de paille ;
mais bientôt, voyant que plusieurs femmes se mettaient à
genoux, en faisant semblant de regarder fixement devant
elles et en regardant les hommes de côté, il s'aperçut qu'il
était dans un temple. Des voix aigres, rauques, sauvages,
discordantes, faisaient retentir la voûte de sons mal arti-
culés, qui faisaient le même effet que les voix des onagres[4]
quand elles répondent, dans les plaines des Pictaves[5], au
cornet à bouquin[6] qui les appelle. Il se bouchait les oreilles ;
mais il fut prêt de se boucher encore les yeux et le nez quand
il vit entrer dans ce temple des ouvriers avec des pinces et des

---

.../... misère et de saleté que Voltaire évoquera également dans *Candide*
(chapitre XXII). Une nouvelle entrée a été construite porte Saint-Antoine à
l'occasion du mariage de Louis XIV, en 1660 (voir Voltaire, *Le Siècle de
Louis XIV*, chapitre XX).

1. *Opiniâtreté* : obstination, entêtement.
2. *Hébété* : stupide.
3. Cette pratique était courante au XVIIIᵉ siècle.
4. *Onagres* : ânes sauvages.
5. *Pictaves* : ancien nom des Poitevins.
6. *Cornet à bouquin* : instrument de corne qui sert à appeler un troupeau.

25 pelles. Ils remuèrent une large pierre, et jetèrent à droite et à gauche une terre dont s'exhalait une odeur empestée; ensuite on vint poser un mort dans cette ouverture, et on remit la pierre par-dessus[1].

«Quoi! s'écria Babouc, ces peuples enterrent leurs morts
30 dans les mêmes lieux où ils adorent la Divinité! Quoi! leurs temples sont pavés de cadavres! Je ne m'étonne plus de ces maladies pestilentielles qui désolent souvent Persépolis. La pourriture des morts, et celle de tant de vivants rassemblés et pressés dans le même lieu, est capable d'empoisonner le
35 globe terrestre. Ah! la vilaine ville que Persépolis! Apparemment que[2] les anges veulent la détruire pour en rebâtir une plus belle, et pour la peupler d'habitants moins malpropres, et qui chantent mieux. La Providence[3] peut avoir ses raisons; laissons-la faire.»

Chapitre III

Cependant le soleil approchait du haut de sa carrière[4].
Babouc devait aller dîner[5] à l'autre bout de la ville, chez une dame pour laquelle son mari, officier de l'armée, lui avait donné des lettres. Il fit d'abord plusieurs tours dans

---

1. Cette pratique insalubre est attestée au XVIIIe siècle encore. Seuls les notables pouvaient prétendre à une semblable inhumation.
2. *Apparemment que* : selon toute apparence.
3. *Providence* : suprême sagesse par laquelle Dieu conduit tout.
4. *Du haut de sa carrière* : du zénith ; le soleil est au milieu de sa course, midi approche.
5. *Dîner* : déjeuner. C'est seulement à partir du XIXe siècle que ce verbe signifie «prendre le repas du soir».

5 Persépolis ; il vit d'autres temples mieux bâtis et mieux
ornés, remplis d'un peuple poli[1], et retentissants d'une
musique harmonieuse ; il remarqua des fontaines publi-
ques, lesquelles, quoique mal placées, frappaient les yeux
par leur beauté[2] ; des places où semblaient respirer en
10 bronze les meilleurs rois qui avaient gouverné la Perse ;
d'autres places où il entendait le peuple s'écrier : «Quand
verrons-nous ici le maître que nous chérissons[3] ?» Il
admira les ponts magnifiques élevés sur le fleuve, les quais
superbes et commodes, les palais bâtis à droite et à
15 gauche, une maison immense où des milliers de vieux soldats blessés et vainqueurs rendaient chaque jour grâces au
Dieu des armées[4]. Il entra enfin chez la dame qui l'atten-
dait à dîner avec une compagnie d'honnêtes gens[5]. La
maison était propre et ornée, le repas délicieux, la dame
20 jeune, belle, spirituelle, engageante, la compagnie digne
d'elle ; et Babouc disait en lui-même à tout moment :

---

1. *Poli* : policé, civilisé.
2. Référence à la fontaine des Innocents, réalisée par Jean Goujon (1510-
v. 1566), qui se trouve dans le Ier arrondissement de Paris, et à celle des
Quatre-Saisons, sculptée par Edme Bouchardon (1698-1762), dans le
VIIe arrondissement. Voltaire en parle dans son *Siècle de Louis XIV*.
3. Allusion aux différentes statues de souverains qui ornent les quartiers
de Paris (Henri IV, Louis XIII, Louis XIV). À l'époque à laquelle Voltaire
écrit son conte, il manque encore celle de Louis XV, qui sera érigée en
1763 et détruite en 1792 (sur l'actuelle place de la Concorde).
4. L'hôtel des Invalides a été construit dans les années 1670 à la
demande de Louis XIV pour accueillir les soldats blessés lors de ses
campagnes.
5. *Compagnie d'honnêtes gens* : référence à l'idéal de l'«honnête
homme» du XVIIe siècle, homme du monde qui se distingue par ses
manières, son esprit et ses connaissances. Une assemblée d'honnêtes
hommes forme la «bonne compagnie».

« L'ange Ituriel se moque du monde de vouloir détruire une ville si charmante. »

Chapitre IV

Cependant il s'aperçut que la dame, qui avait commencé par lui demander tendrement des nouvelles de son mari, parlait plus tendrement encore, sur la fin du repas, à un jeune mage[1]. Il vit un magistrat qui, en présence de sa
5 femme, pressait[2] avec vivacité une veuve; et cette veuve indulgente avait une main passée autour du cou du magistrat, tandis qu'elle tendait l'autre à un jeune citoyen très beau et très modeste. La femme du magistrat se leva de table la première pour aller entretenir dans un cabinet[3]
10 voisin son directeur[4], qui arrivait trop tard et qu'on avait attendu à dîner; et le directeur, homme éloquent, lui parla dans ce cabinet avec tant de véhémence[5] et d'onction[6] que la dame avait, quand elle revint, les yeux humides, les joues enflammées, la démarche mal assurée, la parole tremblante.

---

1. *Mage* : par ce mot, Voltaire désigne un abbé. Il dénonce l'indignité du comportement de certains abbés – « de jeunes gens connus par leurs débauches et élevés à la prélature par des intrigues de femme » – dans la cinquième de ses *Lettres philosophiques*, « Sur la religion anglicane » (1734).
2. *Pressait* : embrassait, étreignait.
3. *Cabinet* : « petit lieu retiré dans les maisons ordinaires » (*Dictionnaire de Furetière*, 1690).
4. *Directeur* : directeur de conscience, prêtre qui aide et dirige une personne en matière de morale et de religion. Voltaire pervertit malicieusement cette relation spirituelle.
5. *Véhémence* : ardeur, emportement.
6. *Onction* : dans un discours, ce qui touche le cœur et le porte à la piété.

15   Alors Babouc commença à craindre que le génie Ituriel n'eût raison. Le talent[1] qu'il avait d'attirer la confiance le mit dès le jour même dans les secrets de la dame : elle lui confia son goût[2] pour le jeune mage, et l'assura que dans toutes les maisons de Persépolis il trouverait l'équivalent de
20 ce qu'il avait vu dans la sienne. Babouc conclut qu'une telle société ne pouvait subsister ; que la jalousie, la discorde, la vengeance, devaient désoler toutes les maisons ; que les larmes et le sang devaient couler tous les jours ; que certainement[3] les maris tueraient les galants[4] de leurs femmes,
25 ou en seraient tués ; et qu'enfin Ituriel faisait fort bien de détruire tout d'un coup une ville abandonnée à de continuels désordres.

Chapitre V

    Il était plongé dans ces idées funestes[5], quand il se présenta à la porte un homme grave[6], en manteau noir, qui demanda humblement à parler au jeune magistrat. Celui-ci, sans se lever, sans le regarder, lui donna fière-
5 ment, et d'un air distrait, quelques papiers, et le congédia. Babouc demanda quel était cet homme. La maîtresse de la

---

1. *Talent* : don.
2. *Son goût* : son penchant, son attirance.
3. *Certainement* : au sens premier du terme, d'une manière certaine.
4. *Galants* : nous dirions aujourd'hui « amants ».
5. *Funestes* : tristes et douloureuses.
6. *Grave* : sérieux. « Ce qui est majestueux, sérieux, posé [...]. Les princes, les prélats, les magistrats doivent être graves » (*Dictionnaire* de Furetière, 1690).

maison lui dit tout bas : « C'est un des meilleurs avocats de la ville ; il y a cinquante ans qu'il étudie les lois. Monsieur, qui n'a que vingt-cinq ans, et qui est satrape de loi[1] depuis
10 deux jours, lui donne à faire l'extrait[2] d'un procès qu'il doit juger, qu'il n'a pas encore examiné. – Ce jeune étourdi fait sagement, dit Babouc, de demander conseil à un vieillard ; mais pourquoi n'est-ce pas ce vieillard qui est juge ?
– Vous vous moquez, lui dit-on, jamais ceux qui ont vieilli
15 dans les emplois laborieux et subalternes ne parviennent aux dignités[3]. Ce jeune homme a une grande charge, parce que son père est riche, et qu'ici le droit de rendre la justice s'achète[4] comme une métairie[5]. – Ô mœurs ! ô malheureuse ville ! s'écria Babouc, voilà le comble du désordre ;
20 sans doute, ceux qui ont ainsi acheté le droit de juger vendent leurs jugements ; je ne vois ici que des abîmes d'iniquité[6]. »

---

1. Satrape de loi : fonction exotique inventée par Voltaire, assimilable à celle de conseiller au Parlement.

2. Extrait : synthèse.

3. Dignités : emplois considérables.

4. Sous l'Ancien Régime, il était possible d'acheter certaines fonctions militaires ainsi que des charges de finance ou de justice. Le texte développe trois exemples. En dépit de ce qui sera dit plus loin, Voltaire est contre l'achat des charges de magistrature. Lorsqu'il sortait du collège, son père l'envisagea pour lui : « Dites à mon père que je ne veux point d'une considération qui s'achète ; je saurai m'en faire une qui ne coûte rien », répondit Voltaire (cité dans le *Dictionnaire des lettres françaises, le XVIIIᵉ siècle, op. cit.*). Il soutint en 1771 la réforme du chancelier Maupeou (1714-1792) qui abolissait notamment la vénalité (l'achat) des charges des parlementaires et rendait la justice gratuite. Cette réforme ne dura que jusqu'à la mort de Louis XV en 1774.

5. Métairie : exploitation agricole louée à un cultivateur, le métayer, qui en partage les revenus avec le propriétaire.

6. Iniquité : injustice, action contre la loi.

Comme il marquait ainsi sa douleur et sa surprise, un jeune guerrier, qui était revenu ce jour même de l'armée, lui
25 dit : « Pourquoi ne voulez-vous pas qu'on achète les emplois de la robe[1] ? J'ai bien acheté, moi, le droit d'affronter la mort à la tête de deux mille hommes que je commande ; il m'en a coûté quarante mille dariques d'or, cette année, pour coucher sur la terre trente nuits de suite en habit rouge[2], et
30 pour recevoir ensuite deux bons coups de flèches dont je me sens encore. Si je me ruine pour servir l'empereur persan, que je n'ai jamais vu, M. le satrape de robe peut bien payer quelque chose pour avoir le plaisir de donner audience à des plaideurs. » Babouc, indigné, ne put s'empêcher de condam-
35 ner dans son cœur un pays où l'on mettait à l'encan[3] les dignités de la paix et de la guerre ; il conclut précipitamment que l'on y devait ignorer absolument la guerre et les lois, et que, quand même Ituriel n'exterminerait pas[4] ces peuples, ils périraient par leur détestable administration.

40 Sa mauvaise opinion augmenta encore à l'arrivée d'un gros homme qui, ayant salué très familièrement toute la compagnie, s'approcha du jeune officier, et lui dit : « Je ne peux vous prêter que cinquante mille dariques d'or, car, en vérité, les douanes de l'empire ne m'en ont rapporté que
45 trois cent mille cette année. » Babouc s'informa quel était cet homme qui se plaignait de gagner si peu ; il apprit qu'il y

------

1. *Les emplois de la robe* : les métiers de la justice. La robe est le vêtement que portent les avocats et les magistrats. On parle de la « noblesse de robe » – celle qui rend la justice –, par opposition à la « noblesse d'épée » – celle qui fait la guerre.
2. L'habit rouge est celui des officiers.
3. *À l'encan* : aux enchères.
4. *Quand même Ituriel n'exterminerait pas* : même si Ituriel n'exterminait pas.

avait dans Persépolis quarante rois plébéiens [1] qui tenaient à bail [2] l'empire de Perse, et qui en rendaient quelque chose au monarque.

Chapitre VI

Après dîner, il alla dans un des plus superbes temples de la ville ; il s'assit au milieu d'une troupe de femmes et d'hommes qui étaient venus là pour passer le temps. Un mage parut dans une machine élevée [3], qui parla longtemps
5 du vice et de la vertu. Ce mage divisa en plusieurs parties ce qui n'avait pas besoin d'être divisé ; il prouva méthodiquement tout ce qui était clair ; il enseigna tout ce qu'on savait. Il se passionna froidement, et sortit suant et hors d'haleine. Toute l'assemblée alors se réveilla et crut avoir
10 assisté à une instruction [4]. Babouc dit : « Voilà un homme qui a fait de son mieux pour ennuyer deux ou trois cents de ses concitoyens ; mais son intention était bonne, et il n'y a pas là de quoi détruire Persépolis. »

Au sortir de cette assemblée, on le mena voir une fête
15 publique qu'on donnait tous les jours de l'année : c'était dans une espèce de basilique, au fond de laquelle on voyait

---

1. Plébéiens : issus du peuple (la «plèbe», dans l'Antiquité romaine) et non de la noblesse. Voltaire attaque ici les fermiers généraux qui avaient à charge la collecte des impôts. Ils étaient alors au nombre de quarante (puis soixante à partir de 1760) et tiraient un gros bénéfice de cette charge. Leur richesse proverbiale excitait les critiques.
2. À bail : sous tutelle, en leur pouvoir.
3. Allusion au prêtre qui fait un sermon dans sa chaire.
4. Une instruction : un enseignement.

un palais[1]. Les plus belles citoyennes de Persépolis, les plus considérables satrapes, rangés avec ordre, formaient un spectacle si beau que Babouc crut d'abord que c'était là
20 toute la fête[2]. Deux ou trois personnes, qui paraissaient des rois et des reines[3], parurent bientôt dans le vestibule de ce palais ; leur langage était très différent de celui du peuple ; il était mesuré, harmonieux et sublime[4]. Personne ne dormait, on écoutait dans un profond silence, qui n'était
25 interrompu que par les témoignages de la sensibilité et de l'admiration publique. Le devoir des rois, l'amour de la vertu, les dangers des passions, étaient exprimés par des traits si vifs et si touchants que Babouc versa des larmes. Il ne douta pas que ces héros et ces héroïnes, ces rois et ces
30 reines qu'il venait d'entendre, ne fussent les prédicateurs[5] de l'empire ; il se proposa même d'engager Ituriel à les venir entendre, bien sûr qu'un tel spectacle le réconcilierait pour jamais avec la ville.

Dès que cette fête fut finie, il voulut voir la principale
35 reine qui avait débité[6] dans ce beau palais une morale si noble et si pure ; il se fit introduire chez Sa Majesté ; on le mena par un petit escalier, au second étage, dans un

---

1. Il s'agit d'un théâtre. Voltaire est dans son siècle un dramaturge très considéré.

2. Le théâtre est un lieu où l'« on se montre », et le spectacle est aussi dans la salle. Voir Montesquieu, *Lettres persanes*, lettre XXVIII (1721).

3. Les personnages importants dans la tragédie classique sont toujours d'un rang élevé.

4. *Sublime* : d'une très grande valeur, qui suscite l'admiration. Ce langage « mesuré » est celui des vers.

5. *Prédicateurs* : ceux qui prêchent, qui prononcent des sermons.

6. *Qui avait débité* : qui avait récité des vers. Au XVIIIe siècle, le terme n'est pas péjoratif.

appartement mal meublé, où il trouva une femme mal vêtue qui lui dit, d'un air noble et pathétique : « Ce métier-ci ne me

40 donne pas de quoi vivre ; un des princes que vous avez vus m'a fait un enfant ; j'accoucherai bientôt ; je manque d'argent, et sans argent on n'accouche point. » Babouc lui donna cent dariques d'or, en disant : « S'il n'y avait que ce mal-là dans la ville, Ituriel aurait tort de se tant fâcher [1]. »

45   De là il alla passer sa soirée chez des marchands de magnificences [2] inutiles. Un homme intelligent, avec lequel il avait fait connaissance, l'y mena ; il acheta ce qui lui plut, et on le lui vendit avec politesse beaucoup plus qu'il ne valait. Son ami, de retour chez lui, lui fit voir combien on le

50 trompait. Babouc mit sur ses tablettes le nom du marchand, pour le faire distinguer par Ituriel au jour de la punition de la ville. Comme il écrivait, on frappa à sa porte : c'était le marchand lui-même qui venait lui rapporter sa bourse, que Babouc avait laissée par mégarde sur son comptoir. « Com-

55 ment se peut-il, s'écria Babouc, que vous soyez si fidèle et si généreux, après n'avoir pas eu de honte de me vendre des colifichets [3] quatre fois au-dessus de leur valeur ? – Il n'y a aucun négociant un peu connu dans cette ville, lui répondit le marchand, qui ne fût venu vous rapporter votre bourse ;

60 mais on vous a trompé quand on vous a dit que je vous avais vendu ce que vous avez pris chez moi quatre fois plus qu'il ne vaut : je vous l'ai vendu dix fois davantage, et cela est si vrai que, si dans un mois vous voulez le revendre, vous n'en aurez pas même le dixième. Mais rien n'est plus juste ;

65 c'est la fantaisie des hommes qui met le prix à ces choses

---

1. *De se tant fâcher* : de tant se fâcher.

2. *Magnificences* : objets magnifiques. Voltaire s'en prend ici à la mode.

3. *Colifichets* : petits objets de fantaisie, sans grande valeur.

frivoles[1] ; c'est cette fantaisie qui fait vivre cent ouvriers que j'emploie, c'est elle qui me donne une belle maison, un char commode, des chevaux, c'est elle qui excite l'industrie, qui entretient le goût, la circulation[2], et l'abondance. Je vends
70 aux nations voisines les mêmes bagatelles plus chèrement qu'à vous, et par là je suis utile à l'empire.» Babouc, après avoir un peu rêvé[3], le raya de ses tablettes[4].

Chapitre VII

Babouc, fort incertain sur ce qu'il devait penser de Persépolis, résolut de voir les mages et les lettrés[5] : car les uns étudient la sagesse, et les autres la religion ; et il se flatta que ceux-là obtiendraient grâce pour le reste du peuple. Dès le
5 lendemain matin il se transporta dans un collège de mages[6]. L'archimandrite[7] lui avoua qu'il avait cent mille écus de rente pour avoir fait vœu de pauvreté, et qu'il exerçait un empire assez étendu en vertu de son vœu[8] d'humilité ; après

---

1. *Frivoles* : de peu d'importance.

2. *Circulation* : circulation des capitaux.

3. *Rêvé* : réfléchi.

4. Dans trois éditions de 1749 à 1751, le chapitre finit en ces termes : «Car enfin, disait-il, les arts et le luxe ne sont en grand nombre dans un empire que quand tous les arts nécessaires sont exercés, et que la nation est nombreuse et opulente. Ituriel me paraît un peu sévère. »

5. *Lettrés* : hommes de lettres.

6. *Collège de mages* : couvent, monastère.

7. *Archimandrite* : supérieur de certains monastères dans l'Église orthodoxe.

8. *Vœu* : promesse faite à Dieu. «Les trois vœux de religion sont ceux de pauvreté, [de] chasteté, [et d'] obéissance» (*Dictionnaire* de Furetière, 1690). «Des hommes qui font vœu de pauvreté, obtiennent, en vertu de ce vœu,

quoi il laissa Babouc entre les mains d'un petit frère[1], qui lui
fit les honneurs[2].

Tandis que ce frère lui montrait les magnificences de
cette maison de pénitence[3], un bruit se répandit, qu'il était
venu pour réformer toutes ces maisons. Aussitôt il reçut
des mémoires[4] de chacune d'elles ; et les mémoires disaient
tous en substance : « Conservez-nous, et détruisez toutes les
autres. » À entendre leurs apologies[5], ces sociétés[6] étaient
toutes nécessaires ; à entendre leurs accusations réci-
proques, elles méritaient toutes d'être anéanties. Il admirait
comme il n'y en avait aucune d'elles qui, pour édifier[7]
l'univers, ne voulût en avoir l'empire. Alors il se présenta
un petit homme qui était un demi-mage[8], et qui lui dit : « Je

---

jusqu'à deux cent mille écus de rente, et, en conséquence de leur vœu
d'humilité, sont des souverains despotiques » (*Dictionnaire philosophique*,
art. « Contradictions », 1764).

1. *Petit frère* : moine jeune et/ou de rang inférieur.

2. *Qui lui fit les honneurs* : qui le reçut avec une politesse marquée, en
l'introduisant et en le guidant.

3. *Maison de pénitence* : lieu où l'on pratique la pénitence, châtiment,
punition que l'on s'impose pour expier ses péchés.

4. *Mémoires* : ouvrages contenant des réflexions et des arguments pour
la défense d'une cause.

5. *Apologies* : discours qui défendent une personne ou une doctrine.

6. *Sociétés* : congrégations.

7. *Édifier* : conduire vers la vertu, au service de Dieu. Voltaire attaque ici
les jésuites (voir note 1, p. 5), qu'il accuse de vouloir régir le monde. Au
service du pape, ils ont pour mission principale la propagation de la foi
(apostolat) et ont fait de l'enseignement leur spécialité. Ils sont très
puissants au XVIIIe siècle.

8. *Demi-mage* : ici, laïc savant. Voltaire s'en prend maintenant aux jansénistes (voir présentation, note 1, p. 5), adversaires des jésuites. Les jansénistes
furent accusés sur certains points de croyance d'être trop proches du protes-
tantisme. En 1713, sous la pression des jésuites, de nombreuses propositions
jansénistes furent condamnées par la bulle papale *Unigenitus*. Un certain

vois bien que l'œuvre[1] va s'accomplir, car Zerdust[2] est revenu sur la terre ; les petites filles prophétisent en se faisant donner des coups de pincettes par-devant et le

25 fouet par-derrière[3]. Ainsi nous vous demandons votre protection contre le grand-lama[4]. – Comment ! dit Babouc, contre ce pontife-roi qui réside au Thibet ? – Contre lui-même. – Vous lui faites donc la guerre, et vous levez contre lui des armées ? – Non ; mais il dit que l'homme est libre et

30 nous n'en croyons rien ; nous écrivons contre lui de petits livres qu'il ne lit pas[5] : à peine a-t-il entendu parler de nous ; il nous a seulement fait condamner, comme un maître ordonne qu'on échenille[6] les arbres de ses jardins. » Babouc frémit de la folie de ces hommes qui faisaient pro-

35 fession de[7] sagesse, des intrigues[8] de ceux qui avaient renoncé au monde, de l'ambition et de la convoitise

nombre d'éléments du clergé français décidèrent de contester cette intervention du pape (les « appelants »).

1. *L'œuvre* : le Jugement dernier, celui que Dieu prononcera à la fin du monde sur le sort de tous les vivants et des morts ressuscités.

2. *Zerdust* : Zoroastre ou Zarathoustra, prophète et réformateur religieux iranien avant l'islamisation par la conquête arabe. On doit comprendre Jésus, par analogie.

3. Allusion aux convulsionnaires, jansénistes fanatiques qui étaient pris de convulsion sur la tombe du diacre François de Pâris au cimetière de Saint-Médard. Le cimetière fut fermé en 1732.

4. *Le grand-lama* : allusion au pape, contre lequel se positionnèrent les jansénistes. Voir note 8, p. 47.

5. Les publications de contestation religieuse font la majorité des écrits clandestins au XVIIIᵉ siècle, loin devant les écrits « philosophiques ».

6. *Échenille* : débarrasse un végétal de ses chenilles.

7. *Qui faisaient profession de* : qui déclaraient publiquement, qui prônaient ouvertement un comportement.

8. *Intrigues* : manœuvres secrètes et compliquées pour obtenir quelque chose.

orgueilleuse de ceux qui enseignaient l'humilité et le désintéressement ; il conclut qu'Ituriel avait de bonnes raisons pour détruire toute cette engeance.

Chapitre VIII

Retiré chez lui, il envoya chercher des livres nouveaux pour adoucir son chagrin, et il pria quelques lettrés à dîner pour se réjouir. Il en vint deux fois plus qu'il n'en avait demandé, comme les guêpes que le miel attire. Ces para-
5 sites[1] se pressaient de manger et de parler ; ils louaient deux sortes de personnes, les morts et eux-mêmes, et jamais leurs contemporains, excepté le maître de la maison. Si quelqu'un d'eux disait un bon mot[2], les autres baissaient les yeux et se mordaient les lèvres de douleur de ne l'avoir pas dit. Ils
10 avaient moins de dissimulation[3] que les mages, parce qu'ils n'avaient pas de si grands objets d'ambition. Chacun d'eux briguait[4] une place de valet et une réputation de grand homme ; ils se disaient en face des choses insultantes, qu'ils croyaient des traits d'esprit[5]. Ils avaient eu quelque connais-
15 sance de la mission de Babouc. L'un d'eux le pria tout bas d'exterminer un auteur qui ne l'avait pas assez loué[6] il y

---

1. Parasites : personnes « qui [vont] dîner à la table d'autrui sans y être invitée[s] » (*Dictionnaire* de Furetière, 1690).
2. Bon mot : parole drôle et spirituelle.
3. Dissimulation : sournoiserie, hypocrisie.
4. Briguait : voir note 1, p. 35.
5. Traits d'esprit : remarques intelligentes qui dénotent un esprit vif.
6. Qui ne l'avait pas assez loué : qui ne l'avait pas suffisamment déclaré digne d'admiration.

avait cinq ans ; un autre demanda la perte d'un citoyen qui n'avait jamais ri à ses comédies ; un troisième demanda l'extinction de l'Académie[1], parce qu'il n'avait jamais pu parve-

20 nir à y être admis. Le repas fini, chacun d'eux s'en alla seul ; car il n'y avait pas dans toute la troupe deux hommes qui pussent se souffrir[2], ni même se parler ailleurs que chez les riches qui les invitaient à leur table. Babouc jugea qu'il n'y aurait pas grand mal quand cette vermine périrait dans la

25 destruction générale.

Chapitre IX

Dès qu'il se fut défait[3] d'eux, il se mit à lire quelques livres nouveaux. Il y reconnut l'esprit de ses convives. Il vit surtout avec indignation ces gazettes[4] de la médisance, ces archives du mauvais goût, que l'envie, la bassesse et la faim

5 ont dictées ; ces lâches satires[5] où l'on ménage le vautour et où l'on déchire la colombe ; ces romans dénués d'imagination, où l'on voit tant de portraits de femmes que l'auteur ne connaît pas.

Il jeta au feu tous ces détestables écrits, et sortit pour

10 aller le soir à la promenade. On le présenta à un vieux lettré qui n'était point venu grossir le nombre de ces parasites. Ce

---

1. Allusion à l'Académie française, fondée par Richelieu en 1635. Voltaire y fut admis en 1746.
2. *Se souffrir* : se supporter.
3. *Défait* : débarrassé.
4. *Gazettes* : petits imprimés hebdomadaires.
5. *Satires* : écrits qui s'attaquent à quelqu'un ou à quelque chose en s'en moquant.

lettré fuyait toujours la foule, connaissait les hommes, en faisait usage, et se communiquait[1] avec discrétion. Babouc lui parla avec douleur de ce qu'il avait lu et de ce qu'il avait vu.

« Vous avez lu des choses bien méprisables, lui dit le sage lettré ; mais dans tous les temps, et dans tous les pays, et dans tous les genres, le mauvais fourmille[2], et le bon est rare. Vous avez reçu chez vous le rebut de la pédanterie[3], parce que, dans toutes les professions, ce qu'il y a de plus indigne de paraître est toujours ce qui se présente avec le plus d'impudence[4]. Les véritables sages vivent entre eux retirés et tranquilles ; il y a encore parmi nous des hommes et des livres dignes de votre attention. » Dans le temps qu'il parlait ainsi, un autre lettré les joignit ; leurs discours furent si agréables et si instructifs, si élevés au-dessus des préjugés et si conformes à la vertu, que Babouc avoua n'avoir jamais rien entendu de pareil. « Voilà des hommes, disait-il tout bas, à qui l'ange Ituriel n'osera toucher, ou il sera bien impitoyable. »

Accommodé avec les lettrés, il était toujours en colère contre le reste de la nation. « Vous êtes étranger, lui dit l'homme judicieux[5] qui lui parlait ; les abus se présentent à vos yeux en foule, et le bien, qui est caché et qui résulte quelquefois de ces abus mêmes, vous échappe. » Alors il apprit que parmi les lettrés il y en avait quelques-uns qui n'étaient pas envieux, et que parmi les mages mêmes il y en avait de

---

1. *Se communiquait* : se livrait.

2. *Fourmille* : est en grand nombre.

3. *Le rebut de la pédanterie* : les plus mauvais parmi les prétentieux. L'expression est particulièrement méprisante.

4. *Impudence* : insolence, effronterie.

5. *Judicieux* : qui juge bien des choses.

vertueux. Il conçut à la fin que ces grands corps[1], qui semblaient en se choquant préparer leurs communes ruines, étaient au fond des institutions salutaires ; que chaque société
40 de mages était un frein à ses rivales ; que si ces émules[2] différaient dans quelques opinions, ils enseignaient tous la même morale, qu'ils instruisaient le peuple et qu'ils vivaient soumis aux lois, semblables aux précepteurs qui veillent sur le fils de la maison, tandis que le maître veille sur eux-mêmes. Il en prati-
45 qua[3] plusieurs, et vit des âmes célestes[4]. Il apprit même que parmi les fous qui prétendaient faire la guerre au grand-lama il y avait eu de très grands hommes. Il soupçonna enfin qu'il pourrait bien en être des mœurs de Persépolis comme des édifices, dont les uns lui avaient paru dignes de pitié, et les
50 autres l'avaient ravi en admiration.

Chapitre X

Il dit à son lettré : « Je connais[5] très bien que ces mages, que j'avais cru si dangereux, sont en effet très utiles, surtout quand un gouvernement sage les empêche de se rendre trop nécessaires[6] ; mais vous m'avouerez au moins que
5 vos jeunes magistrats, qui achètent une charge de juge dès qu'ils ont appris à monter à cheval, doivent étaler dans les

---

1. **Corps** : institutions.
2. **Émules** : concurrents dans des choses louables.
3. **Pratiqua** : fréquenta.
4. **Célestes** : parfaites, excellentes.
5. **Connais** : ici, reconnais.
6. **Nécessaires** : indispensables.

tribunaux tout ce que l'impertinence[1] a de plus ridicule, et tout ce que l'iniquité[2] a de plus pervers ; il vaudrait mieux sans doute donner ces places gratuitement à ces vieux juris-consultes[3] qui ont passé toute leur vie à peser le pour et le contre. »

Le lettré lui répliqua : « Vous avez vu notre armée avant d'arriver à Persépolis ; vous savez que nos jeunes officiers se battent très bien, quoiqu'ils aient acheté leurs charges : peut-être verrez-vous que nos jeunes magistrats ne jugent pas mal, quoiqu'ils aient payé pour juger. »

Il le mena le lendemain au grand tribunal, où l'on devait rendre un arrêt important. La cause était connue de tout le monde. Tous ces vieux avocats qui en parlaient étaient flot-tants[4] dans leurs opinions ; ils alléguaient[5] cent lois, dont aucune n'était applicable au fond de la question ; ils regar-daient l'affaire par cent côtés, dont aucun n'était dans son vrai jour : les juges décidèrent plus vite que les avocats ne doutèrent. Leur jugement fut presque unanime ; ils jugèrent bien, parce qu'ils suivaient les lumières de la raison[6] ; et les autres avaient opiné mal, parce qu'ils n'avaient consulté que leurs livres.

Babouc conclut qu'il y avait souvent de très bonnes choses dans les abus. Il vit dès le jour même que les richesses des

---

1. *Impertinence* : « action ou parole sotte ou déraisonnable » (*Diction-naire* de Furetière, 1690).
2. *Iniquité* : voir note 6, p. 41.
3. *Jurisconsultes* : savants en droit que l'on consulte sur les difficultés d'un procès.
4. *Flottants* : hésitants.
5. *Alléguaient* : citaient pour se justifier.
6. La raison est ce qui éclaire, ce qui illumine l'esprit pour le conduire sur la voie de la vérité et de la sagesse.

30 financiers, qui l'avaient tant révolté, pouvaient produire un
effet excellent, car, l'empereur ayant eu besoin d'argent, il
trouva en une heure, par leur moyen, ce qu'il n'aurait pas eu
en six mois par les voies ordinaires [1] ; il vit que ces gros nuages,
enflés de la rosée de la terre, lui rendaient en pluie ce qu'ils en
35 recevaient. D'ailleurs, les enfants de ces hommes nouveaux,
souvent mieux élevés que ceux des familles plus anciennes,
valaient quelquefois beaucoup mieux : car rien n'empêche
qu'on ne soit un bon juge, un brave guerrier, un homme
d'État habile, quand on a eu un père bon calculateur [2].

Chapitre XI

Insensiblement Babouc faisait grâce à [3] l'avidité [4] du
financier, qui n'est pas au fond plus avide que les autres
hommes, et qui est nécessaire. Il excusait la folie de se
ruiner pour juger et pour se battre, folie qui produit de
5 grands magistrats et des héros. Il pardonnait à l'envie des
lettrés, parmi lesquels il se trouvait des hommes qui éclai-
raient le monde ; il se réconciliait avec les mages ambitieux
et intrigants, chez lesquels il y avait plus de grandes vertus
encore que de petits vices ; mais il lui restait bien des
10 griefs [5], et surtout les galanteries [6] des dames, et les

---

1. Les fermiers généraux avancent régulièrement l'argent des impôts à la
monarchie française.
2. *Calculateur* : qui calcule ; ici, bon gestionnaire et financier.
3. *Faisait grâce à* : pardonnait à, était indulgent à l'égard de.
4. *Avidité* : convoitise, désir.
5. *Griefs* : motifs de plainte, de mécontentement.
6. *Galanteries* : intrigues amoureuses.

désolations qui en devaient être la suite le remplissaient d'inquiétude et d'effroi.

Comme il voulait pénétrer dans toutes les conditions humaines[1], il se fit mener chez un ministre ; mais il trem-
15 blait toujours en chemin que quelque femme ne fût assassi-
née en sa présence par son mari. Arrivé chez l'homme d'État, il resta deux heures dans l'antichambre sans être annoncé[2], et deux heures encore après l'avoir été. Il se promettait bien, dans cet intervalle, de recommander à
20 l'ange Ituriel et le ministre et ses insolents huissiers[3].
L'antichambre était remplie de dames de tout étage[4], de mages de toutes couleurs, de juges, de marchands, d'officiers, de pédants[5] ; tous se plaignaient du ministre. L'avare et l'usurier[6] disaient : « Sans doute cet homme-là pille les
25 provinces » ; le capricieux lui reprochait d'être bizarre[7] ;
le voluptueux disait : « Il ne songe qu'à ses plaisirs » ;
l'intrigant[8] se flattait de le voir bientôt perdu par une cabale[9] ; les femmes espéraient qu'on leur donnerait bientôt un ministre plus jeune.

---

1. *Pénétrer dans toutes les conditions humaines* : découvrir toutes les classes de la société.
2. *Sans être annoncé* : sans que sa présence soit signalée.
3. *Huissiers* : dans un ministère, personnes qui annoncent et introdui-
sent les visiteurs.
4. *De tout étage* : de toute condition sociale.
5. *Pédants* : ceux qui font un usage prétentieux de leur savoir.
6. *Usurier* : personne qui prête de l'argent à des taux d'intérêt excessifs.
7. *Bizarre* : dont les opinions ou le comportement sont extravagants.
8. *Intrigant* : qui recourt à l'intrigue pour parvenir à ses fins, « qui a des connaissances, qui se fourre partout, et qui avec son adresse fait les affaires d'autrui, et les siennes » (*Dictionnaire* de Furetière, 1690).
9. *Cabale* : manœuvre secrète contre quelqu'un, intrigue.

30   Babouc entendait leurs discours ; il ne put s'empêcher de dire : « Voilà un homme bien heureux ; il a tous ses ennemis dans son antichambre ; il écrase de son pouvoir ceux qui l'envient ; il voit à ses pieds ceux qui le détestent. » Il entra enfin ; il vit un petit vieillard courbé sous le poids des

35 années et des affaires, mais encore vif et plein d'esprit[1].

    Babouc lui plut, et il parut à Babouc un homme estimable. La conversation devint intéressante. Le ministre lui avoua qu'il était un homme très malheureux, qu'il passait pour riche, et qu'il était pauvre ; qu'on le croyait tout-puissant,

40 et qu'il était toujours contredit ; qu'il n'avait guère obligé que des ingrats[2], et que dans un travail continuel de quarante années il avait eu à peine un moment de consolation. Babouc en fut touché, et pensa que, si cet homme avait fait des fautes, et si l'ange Ituriel voulait le punir, il ne

45 fallait pas l'exterminer, mais seulement lui laisser sa place.

Chapitre XII

    Tandis qu'il parlait au ministre, entra brusquement la belle dame chez qui Babouc avait dîné. On voyait dans ses yeux et sur son front les symptômes de la douleur et de la colère. Elle éclata en reproches contre l'homme d'État ; elle

---

1. On reconnaît derrière cette brève description le cardinal de Fleury (1653-1743), ministre d'État de 1726 à sa mort. Cet homme, qui exerça le pouvoir avec souplesse et désintéressement mais avec fermeté, nourrissait pour Voltaire une estime qui était réciproque. C'est lui qui fit fermer le cimetière Saint-Médard en 1732 (voir note 3, p. 48).
2. *N'avait guère obligé que des ingrats* : n'avait fait plaisir, rendu service qu'à des gens qui ne montraient aucune reconnaissance.

5 versa des larmes ; elle se plaignit avec amertume[1] de ce qu'on avait refusé à son mari une place où sa naissance lui permettait d'aspirer[2], et que ses services et ses blessures méritaient ; elle s'exprima avec tant de force, elle mit tant de grâces dans ses plaintes, elle détruisit les objections[3]
10 avec tant d'adresse, elle fit valoir les raisons avec tant d'éloquence[4], qu'elle ne sortit point de la chambre sans avoir fait la fortune de son mari.

Babouc lui donna la main. « Est-il possible, Madame, lui dit-il, que vous vous soyez donné toute cette peine pour un
15 homme que vous n'aimez point, et dont vous avez tout à craindre ? – Un homme que je n'aime point ? s'écria-t-elle. Sachez que mon mari est le meilleur ami que j'aie au monde, qu'il n'y a rien que je ne lui sacrifie, hors[5] mon amant, et qu'il ferait tout pour moi, hors de quitter sa maîtresse. Je
20 veux vous la faire connaître : c'est une femme charmante, pleine d'esprit, et du meilleur caractère du monde ; nous soupons ensemble ce soir avec mon mari et mon petit mage, venez partager notre joie. »

La dame mena Babouc chez elle. Le mari, qui était enfin
25 arrivé plongé dans la douleur, revit sa femme avec des transports d'allégresse[6] et de reconnaissance : il embrassait tour à tour sa femme, sa maîtresse, le petit mage et Babouc. L'union, la gaieté, l'esprit et les grâces furent l'âme de ce repas. « Apprenez, lui dit la belle dame chez laquelle il

---

1. *Amertume* : sentiment de tristesse et de rancune lié à une injustice.
2. *Aspirer* : ambitionner, prétendre.
3. *Objections* : remarques contraires.
4. *Éloquence* : facilité, qualité d'expression.
5. *Hors* : sauf, à l'exception de.
6. *Allégresse* : joie très vive et démonstrative.

30 soupait, que celles qu'on appelle quelquefois de malhonnêtes [1] femmes ont presque toujours le mérite d'un très honnête homme ; et pour vous en convaincre, venez demain
dîner avec moi chez la belle Téone [2]. Il y a quelques vieilles
vestales [3] qui la déchirent [4] ; mais elle fait plus de bien
35 qu'elles toutes ensemble. Elle ne commettrait pas une légère
injustice pour le plus grand intérêt ; elle ne donne à son
amant que des conseils généreux ; elle n'est occupée que de
sa gloire : il rougirait devant elle s'il avait laissé échapper
une occasion de faire du bien ; car rien n'encourage plus
40 aux actions vertueuses que d'avoir pour témoin et pour
juge de sa conduite une maîtresse [5] dont on veut mériter
l'estime. »

Babouc ne manqua pas au rendez-vous. Il vit une maison
où régnaient tous les plaisirs. Téone régnait sur eux ; elle
45 savait parler à chacun son langage. Son esprit naturel mettait
à son aise celui des autres ; elle plaisait sans presque le vouloir ; elle était aussi aimable que bienfaisante ; et, ce qui aug-
mentait le prix de toutes ses bonnes qualités, elle était belle.

Babouc, tout Scythe et tout envoyé qu'il était d'un génie,
50 s'aperçut que, s'il restait encore à Persépolis, il oublierait

---

1. *Malhonnêtes* : indécentes.

2. *Téone* : cette féminisation du nom de Théon d'Alexandrie, astronome
et mathématicien grec du IVe siècle, est une allusion probable à la
marquise Du Châtelet (1706-1749). Voltaire eut une longue relation
sentimentale et intellectuelle avec cette femme savante et passionnée de
science, notamment astronomique.

3. *Vestales* : dans l'Antiquité romaine, prêtresses de Vesta, divinité
gardienne du feu et du foyer domestique, vouées à la chasteté. Ici, le
terme est péjoratif.

4. *Déchirent* : critiquent férocement.

5. *Maîtresse* : ici, le mot désigne une femme aimée de quelqu'un.

Ituriel pour Téone. Il s'affectionnait à[1] la ville, dont le peuple était poli, doux et bienfaisant, quoique léger, médisant et plein de vanité. Il craignait que Persépolis ne fût condamnée ; il craignait même le compte qu'il allait rendre.

Voici comme il s'y prit pour rendre ce compte. Il fit faire par le meilleur fondeur de la ville une petite statue composée de tous les métaux, des terres et des pierres les plus précieuses et les plus viles ; il la porta à Ituriel : « Casserez-vous, dit-il, cette jolie statue, parce que tout n'y est pas or et diamants ? » Ituriel entendit à demi-mot ; il résolut de ne pas même songer à corriger Persépolis, et de laisser aller *le monde comme il va* car, dit-il, *si tout n'est pas bien, tout est passable*[2]. On laissa donc subsister Persépolis ; et Babouc fut bien loin de se plaindre, comme Jonas[3] qui se fâcha de ce qu'on ne détruisait pas Ninive. Mais, quand on a été trois jours dans le corps d'une baleine, on n'est pas de si bonne humeur que quand on a été à l'opéra, à la comédie, et qu'on a soupé en bonne compagnie.

---

1. *S'affectionnait à* : s'attachait à.
2. *Passable* : tel qu'on peut s'en contenter. Le conte s'arrêtait à ce point du récit jusqu'en 1751.
3. Voir présentation, p. 12.

Dénoncer la vanité en images *

« Dès ce moment, Jeannot n'étudia plus, se regarda au miroir, et méprisa tout le monde » (p. 64).

La vanité – forme d'autosatisfaction et d'orgueil – se rapproche du narcissisme – amour excessif de soi –, si bien que les deux mots sont parfois employés indifféremment. Le vaniteux « use » les miroirs à force de s'y mirer, comme Narcisse qui, fasciné par son reflet dans l'eau de la source, se laisse mourir de langueur. Depuis l'Antiquité, les artistes nous rappellent que la vanité nous détourne de l'essentiel et nous conduit parfois à notre perte – on retrouve ici le sens premier du terme, qui évoque l'insignifiance et la fragilité de notre existence.

Dans les pages qui suivent, les œuvres illustrent par les moyens de l'allégorie**, de la mise en abyme**, ou encore de la caricature, la maxime de Voltaire : « Le bonheur n'est pas dans la vanité » (p. 77).

◀ Hans Baldung, dit Grien (v. 1485-1545), *Les Trois Âges et la Mort* (v. 1510), Vienne (Autriche), Kunsthistorisches Museum.
Hans Baldung illustre ici un thème cher aux artistes de la Renaissance, désigné par la locution latine *memento mori* : « Souviens-toi que tu vas mourir. » Prenant la forme de natures mortes allégoriques, ces œuvres ont pour fonction de rappeler aux hommes la vanité de leur existence.

* Voir Dossier, p. 109-110.
** Voir Vocabulaire d'analyse littéraire, p. 80.

▲ Frank Cadogan Cowper (1877-1958), *Vanity* (1907), Londres (Royaume-Uni),
Royal Academy of Arts.

Inspiré des portraits du préraphaélisme, courant de la peinture britannique
à l'époque victorienne, qui prône l'imitation des maîtres italiens et le contact
avec la nature, *Vanity* représente un certain idéal de beauté. Le tableau nous invite
à admirer aussi bien l'apparence de la jeune femme que la richesse de ses habits
et de ses bijoux. Sa coiffe rappelle les costumes de la Renaissance et évoque l'auréole
d'une sainte. Pourtant le titre nous suggère d'interroger la vanité de la composition,
où le luxe devient l'emblème de la vacuité des préoccupations humaines. En baissant
les yeux sur son propre reflet, la jeune femme nous prive de la beauté de son regard.

▲ Antoine de Saint-Exupéry (1900-1944), *Le Petit Prince* (1943),
aquarelle illustrant le chapitre XI (voir Dossier, p. 107-108).
Le personnage du vaniteux amuse beaucoup le Petit Prince : il porte un chapeau
pour saluer ceux qui voudraient l'acclamer, mais il est seul sur sa planète.
Saint-Exupéry souligne de façon cocasse l'isolement où nous conduisent
l'orgueil, la prétention et les illusions de la gloire.

▲ Au Festival de Cannes, en mai 2014, l'actrice française Léa Seydoux réalise un « selfie ».
Comment définir cette image ? Dans cette photographie de Léa Seydoux qui prend
une photographie d'elle-même, alors qu'elle est mitraillée par les objectifs des dizaines
de photographes présents, la mise en abyme étourdissante illustre le culte de l'image
de soi dans le cadre d'une société hyper-connectée.

Jeannot et Colin

Plusieurs personnes dignes de foi ont vu Jeannot et Colin à l'école dans la ville d'Issoire, en Auvergne, ville fameuse dans tout l'univers par son collège et par ses chaudrons. Jeannot était fils d'un marchand de mulets très renommé, et
5 Colin devait le jour à un brave laboureur des environs, qui cultivait la terre avec quatre mulets, et qui, après avoir payé la taille, le taillon, les aides et gabelles, le sou pour livre, la capitation et les vingtièmes[1], ne se trouvait pas puissamment riche au bout de l'année.
10 Jeannot et Colin étaient fort jolis[2] pour des Auvergnats ; ils s'aimaient beaucoup, et ils avaient ensemble de petites privautés[3], de petites familiarités, dont on se ressouvient

1. Énumération des impôts qui accablaient le peuple au XVIIIᵉ siècle. On distingue les impôts directs (la taille, le taillon, la capitation, le vingtième) et indirects (les aides, la gabelle, le sou pour livre). La taille royale est l'impôt principal sur le revenu. Le taillon est un impôt créé en 1749 pour l'entretien des gens d'armes. Il existe également des impôts sur les produits de consommation : les aides prélevées sur les boissons, le papier, le bois, le savon ; la gabelle prélevée sur la vente du sel. Le sou pour livre est un droit d'aides institué en 1657 qui s'ajoute à la subvention, taxe sur les boissons.
2. *Jolis* : agréables par la gentillesse et par les manières. La mention de Voltaire est ironique.
3. *Privautés* : synonyme de familiarités (mais le sens n'est pas péjoratif), de complicités.

toujours avec agrément[1] quand on se rencontre ensuite dans le monde.

15   Le temps de leurs études était sur le point de finir, quand un tailleur apporta à Jeannot un habit de velours à trois couleurs, avec une veste de Lyon de fort bon goût ; le tout était accompagné d'une lettre à monsieur de La Jeannotière. Colin admira l'habit, et ne fut point jaloux ; mais Jeannot 20 prit un air de supériorité qui affligea[2] Colin. Dès ce moment Jeannot n'étudia plus, se regarda au miroir, et méprisa tout le monde. Quelque temps après un valet de chambre arrive en poste[3], et apporte une seconde lettre à monsieur le marquis de La Jeannotière : c'était un ordre de monsieur son 25 père de faire venir monsieur son fils à Paris. Jeannot monta en chaise[4] en tendant la main à Colin avec un sourire de protection assez noble. Colin sentit son néant[5], et pleura. Jeannot partit dans toute la pompe[6] de sa gloire.

    Les lecteurs qui aiment à s'instruire doivent savoir que 30 monsieur Jeannot le père avait acquis assez rapidement des biens immenses dans les affaires. Vous demandez comment on fait ces grandes fortunes ? C'est parce qu'on est heureux[7]. Monsieur Jeannot était bien fait, sa femme aussi, et elle avait encore de la fraîcheur. Ils allèrent à Paris pour un procès qui 35 les ruinait, lorsque la fortune[8], qui élève et qui abaisse les

---

1. *Agrément* : plaisir.

2. *Affligea* : attrista profondément.

3. *Poste* : voiture pour le transport des personnes.

4. *Chaise* : chaise de poste, voiture à deux ou quatre roues tirée par un ou plusieurs chevaux.

5. *Colin sentit son néant* : Colin sentit qu'il n'était rien.

6. *Pompe* : splendeur.

7. *Heureux* : chanceux, favorisé par le sort.

8. *Fortune* : ici, hasard.

hommes à son gré, les présenta à la femme d'un entrepreneur des hôpitaux des armées, homme d'un grand talent, et qui pouvait se vanter d'avoir tué plus de soldats en un an que le canon n'en fait périr en dix. Jeannot plut à madame ; la femme
40 de Jeannot plut à monsieur. Jeannot fut bientôt de part dans l'entreprise ; il entra dans d'autres affaires. Dès qu'on est dans le fil de l'eau, il n'y a qu'à se laisser aller ; on fait sans peine une fortune immense[1]. Les gredins[2], qui du rivage vous regardent voguer à pleines voiles, ouvrent des yeux étonnés ;
45 ils ne savent comment vous avez pu parvenir ; ils vous envient au hasard, et font contre vous des brochures que vous ne lisez point. C'est ce qui arriva à Jeannot le père, qui fut bientôt monsieur de La Jeannotière, et qui ayant acheté un marquisat[3] au bout de six mois, retira de l'école monsieur le marquis
50 son fils, pour le mettre à Paris dans le beau monde[4].

Colin, toujours tendre, écrivit une lettre de compliments à son ancien camarade, *et lui fit ces lignes pour le congratuler*[5]. Le petit marquis ne lui fit point de réponse : Colin en fut malade de douleur.

55 Le père et la mère donnèrent d'abord un gouverneur[6] au jeune marquis : ce gouverneur, qui était un homme du

---

1. Voltaire, qui a parfaitement réussi dans les affaires, possède une fortune immense.

2. *Gredins* : mendiants.

3. *Marquisat* : terre qui donne à son possesseur le titre de marquis (titre de noblesse qui prend rang après le duc et avant le comte).

4. *Beau monde* : la société la plus brillante qui soit, notamment aristocratique.

5. *Congratuler* : féliciter. En faisant apparaître les mots en italique, le texte souligne que ce sont ceux que Colin emploie dans sa lettre.

6. *Gouverneur* : précepteur, personne chargée de l'éducation de l'enfant.

bel air[1], et qui ne savait rien, ne put rien enseigner à son pupille[2]. Monsieur voulait que son fils apprît le latin, madame ne le voulait pas. Ils prirent pour arbitre un
60 auteur qui était célèbre alors par des ouvrages agréables. Il fut prié à dîner. Le maître de la maison commença par lui dire d'abord : « Monsieur, comme vous savez le latin, et que vous êtes un homme de la cour... – Moi, monsieur, du latin ! je n'en sais pas un mot, répondit le bel esprit[3], et
65 bien m'en a pris[4] ; il est clair qu'on parle beaucoup mieux sa langue quand on ne partage pas son application[5] entre elle et les langues étrangères. Voyez toutes nos dames, elles ont l'esprit plus agréable que les hommes ; leurs lettres sont écrites avec cent fois plus de grâce[6] ; elles n'ont sur
70 nous cette supériorité que parce qu'elles ne savent pas le latin.

– Eh bien ! n'avais-je pas raison ? dit madame. Je veux que mon fils soit un homme d'esprit, qu'il réussisse dans le monde ; et vous voyez bien que, s'il savait le latin, il serait
75 perdu. Joue-t-on, s'il vous plaît, la comédie et l'opéra en latin ? Plaide-t-on en latin quand on a un procès ? Fait-on l'amour[7] en latin ? » Monsieur, ébloui de ces raisons, passa

---

1. *Un homme du bel air* : un individu possédant de belles manières, celles du beau monde.

2. *Pupille* : élève.

3. *Bel esprit* : « On appelle beaux esprits, ceux qui se distinguent du commun par la politesse de leurs discours ou de leurs ouvrages » (*Dictionnaire de l'Académie*, 1762).

4. *Bien m'en a pris* : je n'en ai tiré que des avantages.

5. *Application* : usage.

6. Allusion aux célèbres *Lettres* de Mme de Sévigné (1626-1696). La marquise de Sévigné connaissait le latin.

7. *Fait-on l'amour en latin ?* : courtise-t-on en latin ?

condamnation[1], et il fut conclu que le jeune marquis ne perdrait point son temps à connaître Cicéron, Horace, et
80 Virgile[2]. Mais qu'apprendra-t-il donc ? car encore faut-il qu'il sache quelque chose ; ne pourrait-on pas lui montrer un peu de géographie ? « À quoi cela lui servira-t-il ? répondit le gouverneur. Quand monsieur le marquis ira dans ses terres les postillons[3] ne sauront-ils pas les chemins ? ils ne
85 l'égareront certainement pas. On n'a pas besoin d'un quart de cercle[4] pour voyager, et on va très commodément de Paris en Auvergne, sans qu'il soit besoin de savoir sous quelle latitude on se trouve.

– Vous avez raison, répliqua le père ; mais j'ai entendu
90 parler d'une belle science qu'on appelle, je crois, l'*astrono-mie*. – Quelle pitié ! repartit le gouverneur ; se conduit-on par les astres dans ce monde ? et faudra-t-il que monsieur le marquis se tue à calculer une éclipse, quand il la trouve à point nommé dans l'almanach[5], qui lui enseigne de plus les
95 fêtes mobiles, l'âge de la lune, et celui de toutes les princesses de l'Europe ? »

Madame fut entièrement de l'avis du gouverneur. Le petit marquis était au comble de la joie ; le père était très indécis. « Que faudra-t-il donc apprendre à mon fils ? disait-il. – À

---

1. *Passa condamnation* : convint qu'il avait tort.

2. Le texte cite trois auteurs d'expression latine : Cicéron (106-43 av. J.-C.) était un homme politique et un orateur romain, Horace (65-8 av. J.-C.) et Virgile (70-19 av. J.-C.) étaient des poètes.

3. *Postillons* : conducteurs d'une voiture de poste (voir note 3, p. 64), cochers.

4. *Quart de cercle* : instrument servant à mesurer la latitude géographique.

5. *Almanach* : calendrier accompagné d'observations astronomiques et de prévisions météorologiques.

être aimable, répondit l'ami que l'on consultait ; et s'il sait
les moyens de plaire[1], il saura tout : c'est un art qu'il appren-
dra chez madame sa mère, sans que ni l'un ni l'autre se
donnent la moindre peine. »

Madame, à ce discours, embrassa le gracieux ignorant, et
lui dit : « On voit bien, monsieur, que vous êtes l'homme du
monde le plus savant ; mon fils vous devra toute son éducation : je m'imagine pourtant qu'il ne serait pas mal qu'il sût
un peu d'histoire. – Hélas ! madame, à quoi cela est-il bon ?
répondit-il ; il n'y a certainement d'agréable et d'utile que
l'histoire du jour. Toutes les histoires anciennes, comme le
disait un de nos beaux esprits, ne sont que des fables convenues[2] ; et pour les modernes, c'est un chaos qu'on ne peut
débrouiller. Qu'importe à monsieur votre fils que Charlemagne ait institué les douze pairs de France[3], et que son
successeur ait été bègue[4] ?

– Rien n'est mieux dit ! s'écria le gouverneur : on étouffe
l'esprit des enfants sous un amas de connaissances inutiles ;
mais de toutes les sciences la plus absurde, à mon avis, et
celle qui est la plus capable d'étouffer toute espèce de génie[5],
c'est la géométrie. Cette science ridicule a pour objet des
surfaces, des lignes, et des points, qui n'existent pas dans la
nature. On fait passer en esprit cent mille lignes courbes

---

1. L'italique signale un emprunt à l'ouvrage de Moncrif, *Essais sur la
nécessité et les moyens de plaire*, 1738.
2. Fontenelle, *De l'origine des fables*, 1724.
3. Douze grands seigneurs de France, pairs parce que considérés de
même rang, qui lors du sacre confirment l'élection et accompagnent le
roi jusqu'au trône.
4. Louis II le Bègue (ou le Fainéant), arrière-petit-fils de Charlemagne,
succéda en réalité à son père Charles le Chauve, mort en 877.
5. *Génie* : talent, disposition naturelle pour les choses de l'esprit.

entre un cercle et une ligne droite qui le touche, quoique dans la réalité on n'y puisse pas passer un fétu[1]. La géomé-
125 trie, en vérité, n'est qu'une mauvaise plaisanterie. »

Monsieur et Madame n'entendaient[2] pas trop ce que le gouverneur voulait dire ; mais ils furent entièrement de son avis.

« Un seigneur comme monsieur le marquis, continua-t-il,
130 ne doit pas se dessécher le cerveau dans ces vaines études. Si un jour il a besoin d'un géomètre sublime pour lever le plan de ses terres, il les fera arpenter[3] pour son argent. S'il veut débrouiller l'antiquité[4] de sa noblesse, qui remonte aux temps les plus reculés, il enverra chercher un bénédictin[5]. Il
135 en est de même de tous les arts. Un jeune seigneur heureusement né[6] n'est ni peintre, ni musicien, ni architecte, ni sculpteur ; mais il fait fleurir tous ces arts en les encourageant par sa magnificence[7]. Il vaut sans doute mieux les protéger que de les exercer ; il suffit que monsieur le marquis ait du goût ; c'est aux
140 artistes à travailler pour lui ; et c'est en quoi on a très grande raison de dire que les gens de qualité[8] (*j'entends ceux qui sont très riches*) savent tout sans avoir rien appris[9], parce qu'en

---

1. *Fétu* : brin de paille.

2. *N'entendaient* : ne comprenaient.

3. *Il les fera arpenter* : il en fera calculer la superficie.

4. *Débrouiller l'antiquité* : éclaircir l'ancienneté.

5. *Bénédictin* : moine religieux qui suit la règle de saint Benoît. Les bénédictins sont spécialisés dans les travaux de savoir approfondi depuis la fin du XVIIᵉ siècle.

6. *Heureusement né* : bien né, issu de bonne famille.

7. *Magnificence* : générosité, dépenses éclatantes.

8. *Gens de qualité* : noblesse distinguée.

9. Citation des *Précieuses ridicules* de Molière (1659). Ce propos est tenu par Mascarille à la scène IX.

effet ils savent à la longue juger de toutes les choses qu'ils commandent et qu'ils payent. »

145 L'aimable ignorant prit alors la parole, et dit : « Vous avez très bien remarqué, madame, que la grande fin de l'homme est de réussir dans la société. De bonne foi, est-ce par les sciences qu'on obtient ce succès ? S'est-on jamais avisé dans la bonne compagnie de parler de géométrie ? Demande-t-on jamais à 150 un honnête homme quel astre se lève aujourd'hui avec le soleil ? S'informe-t-on à souper si Clodion le Chevelu[1] passa le Rhin ? – Non, sans doute, s'écria la marquise de La Jeanno-tière, que ses charmes avaient initiée[2] quelquefois dans le beau monde ; et monsieur mon fils ne doit point éteindre son génie 155 par l'étude de tous ces fatras[3], mais enfin que lui apprendra-t-on ? Car il est bon qu'un jeune seigneur puisse briller dans l'occasion, comme dit monsieur mon mari. Je me souviens d'avoir ouï dire à un abbé que la plus agréable des sciences était une chose dont j'ai oublié le nom, mais qui commence 160 par un *B*. – Par un *B*, madame ? ne serait-ce point la bota-nique ? – Non, ce n'était point de botanique qu'il me parlait ; elle commençait, vous dis-je, par un *B*, et finissait par un *on*. – Ah ! j'entends, madame ; c'est le blason[4] : c'est, à la vérité, une science fort profonde ; mais elle n'est plus à la mode 165 depuis qu'on a perdu l'habitude de faire peindre ses armes aux portières de son carrosse ; c'était la chose du monde la

---

1. *Clodion le Chevelu* : mort vers 447, chef franc qui fut peut-être le père de son successeur Mérovée, ancêtre de la dynastie mérovingienne.

2. *Avaient initiée* : avaient introduite.

3. *Fatras* : « bagatelles, choses vaines et inutiles qui ne sont d'aucune valeur » (*Dictionnaire* de Furetière, 1690).

4. *Blason* : « science particulière qui apprend à déchiffrer les armes ou armoiries des maisons nobles et à en nommer toutes les parties » (*Diction-naire* de Furetière, 1690).

plus utile dans un État bien policé. D'ailleurs, cette étude serait infinie : il n'y a point aujourd'hui de barbier qui n'ait ses armoiries ; et vous savez que tout ce qui devient commun est 170 peu fêté. » Enfin, après avoir examiné le fort et le faible des sciences, il fut décidé que monsieur le marquis apprendrait à danser.

La nature, qui fait tout, lui avait donné un talent qui se développa bientôt avec un succès prodigieux : c'était de 175 chanter agréablement des vaudevilles[1]. Les grâces de la jeunesse, jointes à ce don supérieur, le firent regarder comme le jeune homme de la plus grande espérance. Il fut aimé des femmes ; et ayant la tête toute pleine de chansons, il en fit pour ses maîtresses. Il pillait *Bacchus et* 180 *l'Amour* dans un vaudeville, *La Nuit et le Jour* dans un autre, *Les Charmes et les Alarmes*[2] dans un troisième ; mais, comme il y avait toujours dans ses vers quelques pieds[3] de plus ou de moins qu'il ne fallait, il les faisait corriger moyennant vingt louis d'or par chanson ; et il fut 185 mis dans *L'Année littéraire* au rang des La Fare, des Chaulieu, des Hamilton, des Sarrasin et des Voiture[4].

---

1. *Vaudevilles* : « chanson[s] qui cour[en]t par la ville, dont l'air est facile à chanter, et dont les paroles sont faites ordinairement sur quelque aventure, sur quelque intrigue du temps » (*Dictionnaire de l'Académie*, 1762).

2. *Bacchus et l'Amour*, *La Nuit et le Jour* et *Les Charmes et les Alarmes* sont des titres de vaudevilles.

3. *Pieds* : unités rythmiques constituées par un groupement de syllabes de valeur déterminée.

4. *La Fare*, *Chaulieu*, *Hamilton*, *Sarrasin*, *Voiture* : auteurs du XVIIe siècle. Voltaire s'en prend, comme très souvent, au périodique *L'Année littéraire*, « l'Âne littéraire », écrit-il, fondé en 1754 par Élie Fréron (1718-1766) – un grand ennemi des philosophes –, que Voltaire a sorti de l'ombre à force de critiques. Notre auteur dénonce ici partialement l'absence de .../...

Madame la marquise crut alors être la mère d'un bel esprit, et donna à souper aux beaux esprits de Paris. La tête du jeune homme fut bientôt renversée ; il acquit l'art de par-190 ler sans s'entendre [1], et se perfectionna dans l'habitude de n'être propre à rien. Quand son père le vit si éloquent [2], il regretta vivement de ne lui avoir pas fait apprendre le latin, car il lui aurait acheté une grande charge dans la robe [3]. La mère, qui avait des sentiments plus nobles, se chargea de 195 solliciter un régiment pour son fils ; et en attendant il fit l'amour [4]. L'amour est quelquefois plus cher qu'un régiment. Il dépensa beaucoup, pendant que ses parents s'épuisaient encore davantage à vivre en grands seigneurs.

Une jeune veuve de qualité, leur voisine, qui n'avait 200 qu'une fortune médiocre [5], voulut bien se résoudre à mettre en sûreté les grands biens de monsieur et de madame de La Jeannotière, en se les appropriant, et en épousant le jeune marquis. Elle l'attira chez elle, se laissa aimer, lui fit entrevoir qu'il ne lui était pas indifférent, le conduisit par 205 degrés, l'enchanta, le subjugua [6] sans peine. Elle lui donnait tantôt des éloges [7], tantôt des conseils ; elle devint la meilleure amie du père et de la mère. Une vieille voisine proposa le mariage ; les parents, éblouis de la splendeur de cette alliance, acceptèrent avec joie la proposition : ils

---

.../... goût et de jugement de ce journal qui semble mettre sur un pied d'égalité les grands talents et les médiocres.

1. *S'entendre* : se comprendre.
2. *Éloquent* : qui manifeste de l'éloquence (voir note 4, p. 57).
3. *Robe* : voir note 1, p. 42.
4. *Fit l'amour* : voir note 7, p. 66.
5. *Médiocre* : moyenne.
6. *Subjugua* : séduisit complètement.
7. *Éloges* : compliments.

210 donnèrent leur fils unique à leur amie intime. Le jeune
marquis allait épouser une femme qu'il adorait et dont il
était aimé ; les amis de la maison le félicitaient ; on allait
rédiger les articles, en travaillant aux habits de noce et à
l'épithalame [1].

215 Il était, un matin, aux genoux de la charmante épouse
que l'amour, l'estime, et l'amitié, allaient lui donner ; ils
goûtaient, dans une conversation tendre et animée, les pré-
mices de leur bonheur ; ils s'arrangeaient pour mener une
vie délicieuse, lorsqu'un valet de chambre de madame la
220 mère arrive tout effaré [2]. « Voici bien d'autres nouvelles, dit-
il ; des huissiers déménagent la maison de monsieur et de
madame ; tout est saisi par des créanciers [3] ; on parle de
prise de corps [4], et je vais faire mes diligences pour [5] être
payé de mes gages [6]. – Voyons un peu, dit le marquis, ce
225 que c'est que ça, ce que c'est que cette aventure-là. – Oui, dit
la veuve, allez punir ces coquins-là, allez vite. » Il y court, il
arrive à la maison ; son père était déjà emprisonné : tous les
domestiques avaient fui chacun de leur côté, en emportant
tout ce qu'ils avaient pu. Sa mère était seule, sans secours,
230 sans consolation, noyée dans les larmes ; il ne lui restait rien
que le souvenir de sa fortune, de sa beauté, de ses fautes, et
de ses folles dépenses.

---

1. *Épithalame* : poème composé à l'occasion d'un mariage, à la louange
des nouveaux mariés.

2. *Effaré* : affolé et troublé.

3. *Créanciers* : personnes à qui de l'argent est dû.

4. *Prise de corps* : arrestation.

5. *Faire mes diligences pour* : veiller particulièrement à, m'empresser
de.

6. *Gages* : salaire.

Après que le fils eut longtemps pleuré avec la mère, il lui dit enfin : « Ne nous désespérons pas ; cette jeune veuve m'aime éperdument ; elle est plus généreuse encore que riche, je réponds d'elle ; je vole à elle, et je vais vous l'amener. » Il retourne donc chez sa maîtresse, il la trouve tête à tête avec un jeune officier fort aimable. « Quoi ! c'est vous, monsieur de La Jeannotière ; que venez-vous faire ici ? abandonne-t-on ainsi sa mère ? Allez chez cette pauvre femme, et dites-lui que je lui veux toujours du bien : j'ai besoin d'une femme de chambre, et je lui donnerai la préférence. – Mon garçon, tu me parais assez bien tourné[1], lui dit l'officier ; si tu veux entrer dans ma compagnie je te donnerai un bon engagement[2]. »

Le marquis stupéfait, la rage dans le cœur, alla chercher son ancien gouverneur, déposa ses douleurs dans son sein, et lui demanda des conseils. Celui-ci lui proposa de se faire, comme lui, gouverneur d'enfants. « Hélas ! je ne sais rien, vous ne m'avez rien appris, et vous êtes la première cause de mon malheur » ; et il sanglotait en lui parlant ainsi. « Faites des romans, lui dit un bel esprit qui était là ; c'est une excellente ressource à Paris. »

Le jeune homme, plus désespéré que jamais, courut chez le confesseur de sa mère : c'était un théatin[3] très accrédité[4], qui ne dirigeait que les femmes de la première considération ; dès qu'il le vit, il se précipita vers lui. « Eh ! mon Dieu !

---

1. *Bien tourné* : bien fait de sa personne.
2. *Engagement* : se dit « pour l'enrôlement d'un soldat et même pour l'argent qu'il en reçoit » (*Dictionnaire de l'Académie*, 1762).
3. *Théatin* : ordre religieux fondé en 1524 en Italie pour réformer les mœurs du clergé.
4. *Accrédité* : de grande réputation.

monsieur le marquis, où est votre carrosse ? comment se
porte la respectable madame la marquise votre mère ? » Le
260 pauvre malheureux lui conta le désastre de sa famille. À
mesure qu'il s'expliquait, le théatin prenait une mine plus
grave, plus indifférente, plus imposante : « Mon fils, voilà où
Dieu vous voulait ; les richesses ne servent qu'à corrompre
le cœur ; Dieu a donc fait la grâce à votre mère de la réduire à
265 la mendicité ? – Oui monsieur. – Tant mieux, elle est sûre de
son salut. – Mais, mon père, en attendant, n'y aurait-il pas
moyen d'obtenir quelque secours dans ce monde ? – Adieu,
mon fils ; il y a une dame de la cour qui m'attend. »

Le marquis fut prêt à s'évanouir ; il fut traité à peu près
270 de même par ses amis, et apprit mieux à connaître le monde
dans une demi-journée que dans tout le reste de sa vie.

Comme il était plongé dans l'accablement du désespoir,
il vit avancer une chaise roulante à l'antique[1], espèce de
tombereau[2] couvert, accompagné de rideaux de cuir, suivi
275 de quatre charrettes énormes toutes chargées. Il y avait dans
la chaise un jeune homme grossièrement vêtu[3] ; c'était un
visage rond et frais qui respirait la douceur et la gaieté. Sa
petite femme brune, et assez grossièrement agréable, était
cahotée[4] à côté de lui. La voiture n'allait pas comme le char
280 d'un petit-maître[5]. Le voyageur eut tout le temps de

---

1. *Chaise roulante à l'antique* : chaise de poste (voir note 4, p. 64) à
l'ancienne mode, démodée.
2. *Tombereau* : charrette à deux roues en forme de caisse, que l'on
décharge en la basculant vers l'arrière.
3. *Grossièrement vêtu* : vêtu d'habits qui ne sont pas délicats ni
recherchés.
4. *Cahotée* : secouée par les mouvements de la voiture.
5. *Petit-maître* : désigne « la jeunesse avantageuse [prétentieuse] et mal
élevée » (Voltaire, *Le Siècle de Louis XIV*, 1751).

contempler le marquis immobile, abîmé dans sa douleur. « Eh ! mon Dieu ! s'écria-t-il, je crois que c'est là Jeannot. » À ce nom, le marquis lève les yeux, la voiture s'arrête : « C'est Jeannot lui-même, c'est Jeannot. » Le petit homme rebondi

285 ne fait qu'un saut, et court embrasser son ancien camarade. Jeannot reconnut Colin ; la honte et les pleurs couvrirent son visage. « Tu m'as abandonné, dit Colin ; mais tu as beau être grand seigneur, je t'aimerai toujours. » Jeannot, confus et attendri, lui conta en sanglotant, une partie de

290 son histoire. « Viens dans l'hôtellerie où je loge me conter le reste, lui dit Colin ; embrasse ma petite femme, et allons dîner ensemble. »

Ils vont tous trois à pied, suivis du bagage. « Qu'est-ce donc que tout cet attirail ? Vous appartient-il ? – Oui, tout

295 est à moi et à ma femme. Nous arrivons du pays ; je suis à la tête d'une bonne manufacture de fer étamé[1] et de cuivre. J'ai épousé la fille d'un riche négociant en ustensiles nécessaires aux grands et aux petits ; nous travaillons beaucoup ; Dieu nous bénit ; nous n'avons point changé d'état ; nous

300 sommes heureux, nous aiderons notre ami Jeannot. Ne sois plus marquis ; toutes les grandeurs de ce monde ne valent pas un bon ami. Tu reviendras avec moi au pays, je t'apprendrai le métier, il n'est pas bien difficile ; je te mettrai de part[2], et nous vivrons gaiement dans le coin de terre où

305 nous sommes nés. »

Jeannot, éperdu, se sentait partagé entre la douleur et la joie, la tendresse et la honte ; et il se disait tout bas : « Tous mes amis du bel air m'ont trahi, et Colin, que j'ai méprisé,

---

1. *Étamé* : recouvert d'étain (métal de couleur blanc-gris).

2. *Je te mettrai de part* : je t'associerai à moi.

vient seul à mon secours. Quelle instruction ! » La bonté
310 d'âme de Colin développa dans le cœur de Jeannot le germe
du bon naturel, que le monde n'avait pas encore étouffé. Il
sentit qu'il ne pouvait abandonner son père et sa mère.
« Nous aurons soin de ta mère, dit Colin ; et quant à ton
bonhomme de père, qui est en prison, j'entends un peu les
315 affaires ; ses créanciers, voyant qu'il n'a plus rien, s'accom-
moderont pour peu de chose ; je me charge de tout. » Colin
fit tant qu'il tira le père de prison. Jeannot retourna dans sa
patrie avec ses parents, qui reprirent leur première profession. Il épousa une sœur de Colin, laquelle, étant de même
320 humeur que le frère, le rendit très heureux. Et Jeannot le
père, et Jeannotte la mère, et Jeannot le fils, virent que le
bonheur n'est pas dans la vanité.

■ Colin secourant Jeannot. Gravure de Moreau le Jeune, 1787.

DOSSIER

Vocabulaire d'analyse littéraire

ALLÉGORIE : *en littérature* : récit symbolique, métaphorique ; *dans les arts plastiques* : œuvre dont chaque élément évoque un aspect d'une idée abstraite – allégorie de la Liberté, de l'Amour.

ANTONYME : désigne des mots de sens opposé.

CARICATURE : représentation graphique (dessin, peinture…) qui, par le trait et par le choix des détails, accentue ou révèle les aspects humoristiques ou déplaisants du sujet.

CHAMP LEXICAL : ensemble des mots qui se rapportent à un même thème.

ÉTYMOLOGIE : origine d'un mot.

EXPANSION DU NOM : mot, groupe ou proposition qui complète le nom à l'intérieur du groupe nominal. Le complément du nom, l'adjectif qualificatif et la proposition relative épithètes sont des expansions du nom.

IMPLICITE : désigne ce qui n'est pas formellement exprimé, mais que l'on peut comprendre par déduction. Synonyme* : sous-entendu. Antonyme* : explicite.

IRONIE : manière de se moquer en disant le contraire de ce qu'on veut faire entendre (dérision, sarcasme).

LEXIQUE : synonyme* de vocabulaire.

MÉLIORATIF : mot ou expression pris dans son sens le plus favorable. Antonyme* : péjoratif*.

MISE EN ABYME : consiste à représenter, dans une œuvre – qu'elle soit graphique ou littéraire –, tout ou partie de cette même œuvre.

PARODIE : imitation satirique* d'une œuvre sérieuse.

PÉJORATIF : mot ou expression qui comporte une idée de mal, qui déprécie la chose ou la personne désignée. Antonyme* : mélioratif*.

SATIRE : écrit, discours qui s'attaque à quelqu'un ou quelque chose en s'en moquant (épigramme, libelle, pamphlet…). Adjectif : satirique.

SYNONYME : désigne des mots de sens proche, qu'on peut remplacer l'un par l'autre.

Découvrir Voltaire

Relisez la présentation (p. 5-18), puis répondez aux questions suivantes en citant le texte à l'appui de vos réponses. Pour vous aider, la page dans laquelle se trouve l'information est indiquée entre parenthèses à la fin de la question. Lorsque plusieurs options sont proposées, entourez la bonne réponse.

1. De quel milieu Voltaire est-il issu (p. 5) ?

2. A-t-il eu une enfance difficile (p. 5) ? Justifiez votre réponse.

    a. Vrai.

    b. Faux.

3. Pourquoi Voltaire passe-t-il onze mois à la Bastille (p. 6) ?

4. Pourquoi quitte-t-il la France pour l'Angleterre (p. 6) ?

    a. Ses œuvres ne rencontrent aucun succès.

    b. Il veut perfectionner son anglais.

    c. Il risque d'être emprisonné pour avoir manqué de respect à un noble.

5. Quelle est l'origine du nom « Voltaire » (p. 6) ?

6. Par quel scientifique Voltaire est-il fasciné (p. 7) ?

    a. John Locke.

    b. Isaac Newton.

    c. Jonathan Swift.

7. Voltaire n'a-t-il écrit que des contes (p. 7) ? Justifiez votre réponse en citant des exemples précis.

8. Après la publication des *Lettres philosophiques* (1734), chez qui Voltaire trouve-t-il refuge (p. 7-8) ?

9. Où décide-t-il de s'installer dans les années 1750 (p. 9) ?

    a. En Belgique.

    b. En Suisse.

10. Comment s'appelle le projet de Diderot et d'Alembert auquel il participe (p. 9) ?

11. Qui est Jean Calas (p. 9-10) ?

12. Quel roi accède au trône en 1774 (p. 10) ?

13. Comment Voltaire est-il reçu à son retour à Paris (p. 10) ?

14. À quel genre littéraire appartiennent *Le monde comme il va* et *Jeannot et Colin* (p. 11 et 18) ?

15. Quelle est l'intention de Voltaire lorsqu'il écrit (p. 11 et 18) ?

Sur *Le monde comme il va*

 MICROLECTURE N° 1 : **chapitre premier**

Relisez le chapitre premier (p. 31-35), puis répondez aux questions suivantes.

A. La situation d'énonciation

1. Qui est l'auteur de ce texte ?

2. Qui est le narrateur de l'histoire ?

3. Comment se nomme le héros de cette histoire ? De quelle faculté dispose-t-il naturellement ? Quel don reçoit-il du ciel ?

4. Quelle est sa mission ?

5. Où se déroule l'action ? Relevez les indications de lieu dans les deux premiers paragraphes.

B. L'absurdité de la guerre...

1. À quelle question Babouc ne parvient-il pas à obtenir de réponse ?

2. Relevez la phrase dans laquelle le soldat résume son métier. Quel est l'effet produit sur le lecteur ?

3. Pourquoi le soldat perse envisage-t-il de passer dans le camp adverse ? Que pensez-vous de cette attitude ?

4. Pour quelles raisons le capitaine se bat-il ? Qu'en pensez-vous ?

5. Qui connaît véritablement les causes de cette guerre entre les Perses et les Indiens ?

6. Quelle est la cause réelle de cette guerre ? Depuis quand dure-t-elle ? Qu'en pensez-vous ?

C. ... et ses horreurs

1. Que font les généraux à l'approche de la paix ? et à son annonce ? Quel jugement Voltaire porte-t-il sur eux ?

2. Dans le dictionnaire, cherchez le sens du mot « abomination ». Donnez son étymologie*[1], un synonyme*, ainsi qu'un verbe, un adverbe et l'adjectif qui lui correspondent.

3. Relisez le passage allant de « Babouc, étonné » à « et le ravirent » (l. 40-81). Dans un tableau à deux colonnes, relevez le champ lexical* des horreurs de la guerre et celui de ses bienfaits. Comparez les deux colonnes. Que pouvez-vous en conclure ?

4. Relisez le passage allant de « S'étant ensuite informé » à « tant de vertus et de crimes ? » (l. 78-83). Quel est le rapport entre les mots « bassesse » et « grandeur », « vertus » et « crimes » ?

5. Qu'en conclut Babouc sur les humains ?

Vers le brevet

Récriture
De « Par tous les dieux » à « mon capitaine » (l. 21-28), transcrivez les propos du soldat au discours indirect.

Sujet d'écriture
À la manière de Babouc, réfléchissez au fonctionnement de votre classe (ambiance, travail, etc.), en analysant ses aspects positifs et négatifs. Vous pouvez par exemple réaliser un tableau à deux colonnes.

Parcours Internet / EPI
Effectuez des recherches sur les guerres qui engagent la France de 1688 à 1763. Étudiez-en les causes principales. Votre professeur d'histoire en sait beaucoup, n'hésitez pas à le questionner ! Vous pouvez réaliser une frise qui déroulera la succession des conflits.

---

1. Les mots suivis d'un astérisque font l'objet d'une définition dans l'encadré « Vocabulaire d'analyse littéraire », p. 80.

Relisez les chapitres II et III (p. 35-39), puis répondez aux questions suivantes.

A. Une ville « barbare »

1. Qu'était un « barbare » pour les Grecs et les Romains ? Quel est le sens courant de cet adjectif aujourd'hui ?

2. Dans le premier paragraphe du chapitre II, relevez trois adjectifs qui expriment l'aspect désagréable des lieux.

3. Quel est cet « enclos vaste et sombre » (l. 10-11) dans lequel Babouc pénètre ?

4. Quel spectacle le scandalise ?

5. Dans le dernier paragraphe du chapitre II, observez les types de phrase utilisés. Comment s'exprime l'émotion de Babouc ? Que souhaite-t-il pour Persépolis ?

B. Le spectacle du temple

1. Où se croit Babouc dans un premier temps ? Qu'est-ce qui l'induit en erreur ?

2. Grâce à quel indice Babouc s'aperçoit-il qu'il est dans un temple ? Que pensez-vous de la « logique » de son raisonnement ?

3. Relevez le lexique péjoratif* qui qualifie les chants religieux. Quelle figure de style inspirent-ils à Babouc ? Commentez-la.

4. Pourquoi la cérémonie à laquelle il assiste révolte-t-elle Babouc ? Relevez dans le texte deux adjectifs de la famille du mot « peste ».

5. En citant le texte, expliquez en quoi les yeux, les oreilles et le nez de Babouc sont agressés.

C. Une ville « charmante »

1. Quelle nouvelle image de Persépolis est donnée dans le chapitre III ?

2. Relevez les noms appartenant au champ lexical* de l'architecture et, pour chacun, indiquez leurs expansions*. Comparez le jugement à celui du chapitre précédent.

3. Quelle nouvelle image des habitants de Persépolis est donnée ? Justifiez votre réponse en citant le texte.

4. Que souhaite désormais Babouc pour Persépolis ?

Vers le brevet

Récriture
De « Au bourdonnement continuel » à « des pinces et des pelles » (chapitre II, l. 11-25), mettez le texte au présent de l'indicatif.

Sujet d'écriture
Dans le chapitre II, Voltaire écrit : « en tout genre les premiers essais sont toujours grossiers » (l. 6-7). Expliquez ce propos et développez-le à l'aide d'exemples tirés de votre expérience personnelle.

Parcours Internet / EPI
Sur une page au format A3, présentez un monument ou une curiosité architecturale typique de votre région et de son histoire (texte, illustrations et légendes).

 MICROLECTURE N° 3 : **chapitres IV et V**

Relisez les chapitres IV et V (p. 39-43), puis répondez aux questions suivantes.

A. Des mœurs déréglées

1. Quelles sont les mœurs des femmes de Persépolis ? Donnez trois exemples.

2. Dans le chapitre II, relevez une phrase qui annonçait un tel comportement.

3. Que signifie le verbe « désoler » dans le second paragraphe du chapitre IV (l. 22) ? Quelle est son étymologie* ?

4. D'après Babouc, pourquoi une telle société ne peut-elle subsister ? Étudiez le champ lexical* du désastre dans le second paragraphe du chapitre IV.

B. Une justice à vendre

1. Dans un tableau à deux colonnes, comparez les éléments qui opposent le jeune juge et le vieil avocat au début du chapitre v.

2. Pourquoi le jeune homme occupe-t-il une place plus importante que le vieillard ? Quelle figure de style est utilisée dans le texte ?

3. Quelle est la réaction de Babouc ?

4. Que craint-il ?

C. Une « détestable administration »

1. Qu'a acheté le jeune guerrier qui s'adresse à Babouc ?

2. Quels « bénéfices » en tire-t-il ? Qu'en pensez-vous ?

3. Que conclut Babouc après cette rencontre ? Relevez un adverbe qui indique que l'indignation de notre héros l'emporte sur sa raison.

4. Au début de chacun des trois paragraphes du chapitre v, relevez les expressions qui témoignent du mécontentement de Babouc.

5. Quel personnage désagréable achève de fâcher Babouc ? Justifiez votre réponse en citant le texte.

Vers le brevet

Récriture
De « Babouc s'informa » à la fin du chapitre v (l. 45-49), transposez le texte au discours direct.

Sujet d'écriture
Vous est-il arrivé de juger trop vite un ami et de revenir sur votre erreur ? Racontez.

Parcours Internet / EPI
Travail de documentation iconographique : recherchez, au CDI ou sur Internet, des informations sur le vêtement au XVIIIe siècle. Comment se vêtaient les trois ordres ? Vous pouvez orienter plus particulièrement vos recherches sur les costumes professionnels (militaires, plaideurs, hommes d'Église, médecins...).

Relisez le chapitre VI (p. 43-46), puis répondez aux questions suivantes.

A. Babouc à la messe

1. Dans quel but le public se rend-il au temple ?

2. Comment appellerions-nous aujourd'hui un « mage » ?

3. Le public est-il intéressé ? Justifiez votre réponse en citant le texte.

4. Dans la formule « Il se passionna froidement » (l. 8), quel est le rapport entre le verbe et l'adverbe ? Expliquez cette alliance de mots.

5. Babouc porte-t-il un jugement sévère sur le mage ? Pourquoi ?

B. Babouc au théâtre

1. Que désigne en réalité l'« espèce de basilique, au fond de laquelle on voyait un palais » (l. 16-17) ?

2. Qui sont ces personnes « qui paraissaient des rois et des reines » (l. 20-21) ?

3. « Leur langage était très différent de celui du peuple » (l. 22-23). Expliquez cette affirmation.

4. Pour qui Babouc prend-il ces personnages ?

C. L'envers du discours et du décor

1. Relisez les deux premiers paragraphes du chapitre (p. 43-44) et complétez le tableau.

	À l'église	Au théâtre
Lieu	« un des plus superbes temples de la ville » (l. 1-2)	« une espèce de basilique » (l. 16)
Public		
Thème du discours		

Réaction du public et/ou de Babouc		
Conclusions de Babouc		

2. Analysez ce tableau en comparant les deux passages. Quel discours est-il le plus instructif ?

3. Le statut des comédiens à Persépolis est-il enviable ? Justifiez votre réponse en citant le texte.

4. Babouc s'offusque-t-il de cette injustice ?

Vers le brevet

Récriture

Récrivez le passage suivant en remplaçant « il » par « elles » et en effectuant toutes les modifications qui s'imposent : « De là il alla passer la soirée chez des marchands [...] combien on le trompait » (l. 45-50).

Sujet d'écriture

À la manière de Voltaire, imaginez la réaction d'un étranger qui, ignorant tout du septième art, se rend à une projection cinématographique.

Parcours Internet / EPI

Au XVIIIᵉ siècle, dans quelles conditions étaient jouées les pièces de théâtre (les salles à Paris et en province, les troupes de théâtre, le statut des comédiens) ?

 MICROLECTURE Nº 5 : chapitres VII à X

Relisez les chapitres VII à X (p. 46-54), puis répondez aux questions suivantes.

A. L'*engeance*[1] des mages

1. Qu'étudient les mages ? et les lettrés ?

2. Pourquoi Babouc souhaite-t-il les rencontrer ?

3. L'archimandrite respecte-t-il ses vœux de pauvreté et d'humilité ? Citez le texte pour justifier votre réponse.

4. Dans le chapitre VII, relevez d'autres contradictions entre la fonction des mages et leur mode de vie.

5. Par quel mot péjoratif* les mages sont-ils désignés à la fin du chapitre VII ?

B. Des lettrés parasites

1. Quel est le sens antique du terme « parasite » ? Quelle est l'étymologie* du mot ? Quelle science parle également de « parasites » ?

2. Relevez deux oppositions de groupes nominaux dans la phrase suivante : « Chacun d'eux briguait une place de valet et une réputation de grand homme ; ils se disaient en face des choses insultantes, qu'ils croyaient des traits d'esprit » (chapitre VIII, l. 11-14).

3. Énumérez les différentes bassesses auxquelles se livrent les gens de lettres qui ont connaissance de la mission de Babouc.

4. Les mauvais esprits produisent de mauvais livres. Apportez-en la preuve en relisant le début du chapitre IX. Étudiez particulièrement le lexique* et les expansions du nom*.

5. Par quel mot péjoratif*, synonyme* de « parasite », les gens de lettres sont-ils désignés à la fin du chapitre VIII ? Cherchez dans le dictionnaire le sens premier de ce mot.

C. Une heureuse rencontre

1. Quelle heureuse rencontre fait Babouc au chapitre IX ?

2. Relevez les groupes nominaux qui désignent cet homme.

3. La conversation devient très instructive. Dans le troisième paragraphe de ce chapitre, relevez les adjectifs qui le prouvent.

4. Relisez le dernier paragraphe de ce chapitre. Quel est l'argument du lettré ? Quels sont les exemples qui l'illustrent ?

---

1. *Engeance* : catégorie d'hommes méprisables.

5. Au chapitre X, comment Babouc est-il convaincu qu'il y a « souvent de très bonnes choses dans les abus » (l. 28-29) ?

Vers le brevet

Récriture

Récrivez la phrase suivante au discours indirect : « Vous êtes étranger, lui dit l'homme judicieux qui lui parlait ; les abus se présentent à vos yeux en foule, et le bien, qui est caché et qui résulte quelquefois de ces abus mêmes, vous échappe » (chapitre IX, l. 31-34).

Sujet d'écriture

Comme Babouc, pensez-vous qu'il y a « souvent de très bonnes choses dans les abus » ? Donnez votre opinion dans un paragraphe argumenté.

Parcours Internet / EPI

Quelles étaient les conditions de vie des gens de lettres au XVIIIᵉ siècle ? Vous vous intéresserez aux origines sociales des écrivains, à leur statut dans la société française d'avant la Révolution, et vous tenterez de répondre à la question suivante : pouvait-on vivre de sa plume au siècle des Lumières ?

 MICROLECTURE N° 6 : chapitres XI et XII

Relisez les chapitres XI et XII (p. 54-59), puis répondez aux questions suivantes.

A. Chez le ministre

1. Qu'est-ce qu'une antichambre ? Donnez le sens, l'étymologie* et un synonyme* de ce mot.

2. Quelle image du ministre les visiteurs de l'antichambre donnent-ils à Babouc ? Cette image se confirme-t-elle par la suite ? Citez le texte pour justifier votre réponse.

3. Tous les visiteurs se plaignent du ministre, mais qu'y a-t-il de comique dans leurs propos ?

4. Le ministre est un « homme très malheureux » (chapitre XI, l. 38). Relevez dans ses propos les oppositions lexicales qui le montrent.

5. Quelle serait pour Babouc la punition à réserver au ministre ?

B. Les galanteries des dames

1. Qui surgit brusquement dans le bureau ? Babouc connaît-il cette personne ? Que veut-elle ?

2. Dans le premier paragraphe du chapitre XII (p. 56-57), relevez les champs lexicaux* de l'émotion et de la persuasion.

3. Pourquoi Babouc est-il surpris par le comportement de cette personne ?

4. Qui est Téone ? En quoi sa situation est-elle comparable à celle du ministre ?

5. Démontrez que le portrait de Téone est mélioratif*.

C. La statue

1. À la fin du chapitre XII, quel est le sentiment de Babouc sur Persépolis ? Citez le texte.

2. Quel est le sens de l'adjectif « vil(e) » (l. 59) ?

3. Expliquez le symbole de la statue offerte par Babouc à Ituriel.

4. Que décide Ituriel ?

5. Cette décision vous paraît-elle sage ?

Vers le brevet

Récritures

1. Récrivez le passage suivant au discours direct : « Le ministre lui avoua qu'il était un homme très malheureux [...] un moment de consolation » (chapitre XI, l. 37-43).

2. Récrivez le passage suivant en remplaçant le pronom personnel « elle » par « elles » : « Elle éclata en reproches [...] la fortune de son mari » (chapitre XII, l. 4-12).

Sujets d'écriture

1. « *Si tout n'est pas bien, tout est passable.* » Êtes-vous d'accord avec cette affirmation et pensez-vous qu'il faille « laisser aller *le monde comme il va* » sans essayer de le changer ? Argumentez votre réponse.

2. En 1789, un continuateur de Voltaire – on pense à l'écrivain Choderlos de Laclos (voir présentation, p. 15) – a donné une suite au *Monde comme il va*, intitulée *Le Retour de Babouc à Persépolis*. Un demi-siècle après son premier voyage, le Scythe est renvoyé à Persépolis par Ituriel qui lui tient ces propos : « Les influences que nous répandons sur toi dans ce moment t'empêcheront de sentir ta vieillesse ; et pour te donner plus de facilité à t'acquitter de ta mission, nous te douons de [1] ce talisman, qui forcera tous ceux sur qui tu le dirigeras à dire la vérité. » Inventez un nouvel épisode des aventures de Babouc à partir de ces mots d'Ituriel.

Parcours Internet / EPI

Effectuez en ligne des recherches sur le rôle des femmes dans la vie intellectuelle au XVIIIe siècle. Vous vous intéresserez à la fois aux femmes de lettres (Mme Du Châtelet, Mme Du Deffand) et à la vie des salons au siècle des Lumières (les salons de la marquise de Lambert, de Mme Du Deffand, de Mme Geoffrin). Vous pouvez prendre pour point de départ Mme Du Châtelet (biographie, importance dans la vie de Voltaire, contributions à la vie intellectuelle de son époque, regard de ses contemporains).

Pour vous aider, vous pourrez notamment vous appuyer sur les sites Internet suivants :

– la page « Madame Du Châtelet. La femme des Lumières » sur le site **classes.bnf.fr** ;

– l'article « Émilie Du Châtelet, un passeur scientifique au XVIIIe siècle », de Mireille Touzery dans *La Revue pour l'histoire du CNRS*, no 21, 2008, sur le site **histoire-cnrs.revues.org**.

---

1. *Nous te douons de* : nous te donnons.

Sur *Jeannot et Colin*

 MICROLECTURE N° I : **la fortune de Jeannot**

Relisez le texte du début à « Colin en fut malade de douleur » (l. 1-54), puis répondez aux questions suivantes.

A. La situation initiale (paragraphes 1 et 2)

1. Pouvez-vous dire exactement à quelle époque se déroule cette histoire ?

2. Le lieu de l'action est-il précisément indiqué ? Citez le texte à l'appui de votre réponse.

3. Quels sont les personnages présents au début du conte ? Quelles sont leurs relations ? Quelles sont leurs différences ?

4. Quel est le temps verbal principalement employé ?

5. La situation initiale est-elle heureuse ?

B. L'élément perturbateur (paragraphes 3 et 4)

1. Quel événement vient modifier la situation initiale ?

2. Relevez tous les verbes du troisième paragraphe et indiquez à quel temps ils sont conjugués. Quel changement de temps verbal indique une rupture dans le récit ?

3. Quels changements observez-vous dans le comportement de Jeannot ?

4. Comment réagit son ami Colin ?

5. Dans quelles circonstances le père de Jeannot fait-il fortune ? Relevez un indice de l'intervention du narrateur dans son texte.

C. Le narrateur ironique

1. Qui est le narrateur de ce texte ? Quel est le point de vue adopté ?

2. Issoire est-elle véritablement une « ville fameuse dans tout l'univers » (l. 2-3) ?

3. Formulez autrement l'expression « ne se trouvait pas puissamment riche au bout de l'année » (l. 8-9). Comment s'appelle cette figure de style ? Quel est l'effet produit ?

4. Relevez des marques de l'ironie du narrateur à l'égard de Jeannot et de sa famille dans le troisième paragraphe.

5. Quelle critique implicite* est contenue dans le troisième paragraphe ?

Vers le brevet

Récriture

Récrivez le passage suivant en remplaçant « les gredins » par « le gredin », et en effectuant les modifications nécessaires : « Les gredins [...] vous ne lisez point » (l. 43-47).

Sujet d'écriture

À la page 64, on peut lire : « Dès ce moment Jeannot n'étudia plus, se regarda au miroir, et méprisa tout le monde. » Il vous est arrivé une mésaventure comparable avec un(e) de vos ami(e)s : racontez cet épisode en détaillant les changements progressifs de son attitude et les sentiments que vous avez éprouvés.

Parcours Internet / EPI Lettres-Histoire-Géographie

Réalisez une ou des cartes des régions (appelées provinces à l'époque) de France montrant les conséquences de la Révolution française sur l'organisation du territoire.

 MICROLECTURE N° 2 : **l'éducation de Jeannot**

Relisez le texte de « Le père et la mère » à « tout le reste de sa vie » (l. 55-271), puis répondez aux questions suivantes.

A. L'éducation d'un homme du monde

1. Quelle question oppose le marquis et la marquise de La Jeannotière à propos de l'éducation de leur fils ? Qui est invité pour arbitrer le débat ? Que préconise cet invité ?

2. Relevez les groupes nominaux qui caractérisent le gouverneur et l'invité. Ces personnes sont-elles les plus compétentes pour parler d'éducation ?

3. Observez les réactions des parents de Jeannot. Comment se manifeste leur ignorance ?

4. Que doit savoir un homme du monde ?

5. Relevez les différentes sciences évoquées au cours du débat. Pourquoi sont-elles rejetées par l'homme du monde ?

6. Que décide-t-on d'apprendre au jeune marquis ?

B. L'ascension de Jeannot

1. Quel « don » possède Jeannot ? Étudiez les marques de l'ironie du narrateur.

2. Relevez dans le texte une phrase qui caricature* l'homme du monde.

3. Jeannot rencontre l'amour. Les intentions de sa future femme sont-elles désintéressées ?

4. Montrez comment, par étapes, elle parvient à ses fins.

5. Pourquoi les parents de Jeannot sont-ils favorables à l'union de leur fils avec la jeune veuve ?

C. La chute

1. Relevez dans le texte ce qui laissait présager la ruine des parents de Jeannot.

2. Dans quelles circonstances Jeannot apprend-il son malheur ?

3. Dressez la liste des personnages que sollicite Jeannot. Sont-ils d'un grand secours ?

4. En quoi le comportement de la promise de Jeannot est-il indigne ?

5. Quel personnage avait vocation à aider Jeannot ? Commentez son attitude.

Vers le brevet

Récriture

Dans le passage suivant, transposez les propos du gouverneur au discours indirect : « Rien n'est mieux dit ! s'écria le gouverneur [...]. La géométrie, en vérité, n'est qu'une mauvaise plaisanterie » (l. 116-125).

Sujet d'écriture

« On étouffe l'esprit des enfants sous un amas de connaissances inutiles » (l. 116-117). Écrivez un dialogue de théâtre qui vous oppose à un(e) de vos camarades : vous critiquez les enseignements que vous recevez au collège alors que votre camarade les défend.

Parcours Internet / EPI

Effectuez des recherches pour présenter à l'oral un exposé sur le fonctionnement de l'école au XVIIIe siècle.

 MICROLECTURE N° 3 : **les retrouvailles de Jeannot et de Colin**

Relisez le texte de « Comme il était plongé... » à la fin (l. 272-322), puis répondez aux questions suivantes.

A. Une scène de retrouvailles

1. Quel groupe nominal indique l'état psychologique de Jeannot au début du passage ?

2. Qui, de Jeannot ou de Colin, reconnaît l'autre ? Pourquoi, selon vous ?

3. Comment cette scène de reconnaissance est-elle retardée ?

4. La « honte et les pleurs couvrirent son visage » (l. 286-287). Pourquoi Jeannot éprouve-t-il de la honte ?

B. Le retour de Colin

1. Étudiez le portrait de Colin. Semble-t-il malheureux ? Justifiez votre réponse.

2. Cherchez dans le dictionnaire le sens et l'étymologie* du mot « manufacture » (l. 296). Quelle profession exerce Colin ?

3. Quelle image du couple donnent Colin et sa femme ?

4. Colin a-t-il changé moralement ?

C. La morale du conte

1. Quelle proposition Colin fait-il à Jeannot ? Quel trait de caractère cela révèle-t-il ?

2. Quelles émotions éprouve Jeannot ?

3. Jeannot tire-t-il un enseignement de son aventure ?

4. Quelle est la morale du conte ? Où se situe-t-elle dans le texte ? Quel temps sert pour l'exprimer ? Donnez la valeur de ce temps.

Vers le brevet

Récriture

De « Colin fit tant qu'il tira le père de prison » à la fin (l. 316-322), récrivez le texte au présent de l'indicatif.

Sujet d'écriture

Rédigez un paragraphe d'une quinzaine de lignes pour dire ce que vous pensez de l'attitude de Colin : la comprenez-vous ? L'approuvez-vous ? Agiriez-vous de même ? Argumentez votre réponse.

Parcours Internet / EPI Lettres-Technologie

Les termes « chaise roulante à l'antique », « tombereau », « charrettes », « char de petit-maître », « voiture » figurent dans le texte de Voltaire. Exposez, avec des illustrations légendées à l'appui, comment on voyageait par voie terrestre au XVIIIᵉ siècle.

Pour vous aider, vous pourrez notamment effectuer des recherches sur les sites Internet suivants :

– **www.amtuir.org** (musée des Transports Urbains – AMTUIR : rubrique « Histoire générale des transports ») ;

– **www.arts-et-metiers.net** (musée des Arts et Métiers – CNAM) : document « Les pionniers des transports » (tapez le titre dans la barre de recherche du site pour y accéder).

Portraits de vaniteuses et de vaniteux

(groupement de textes)

La vanité est sans doute l'un des défauts humains les plus répandus. C'est aussi celui que l'on pardonne le plus aisément lorsqu'il sert de prétexte à l'écriture de portraits comiques, dans lesquels s'expriment à la fois le sens de l'observation, la critique malicieuse et l'humour irrésistible d'auteurs variés à travers les genres et les époques.

 **Théophraste, *Les Caractères*
(IVᵉ siècle av. J.-C.)**

Théophraste (v. 372-v. 285 av. J.-C.) est un philosophe grec, disciple d'Aristote. Dans *Les Caractères*, il dresse une trentaine de portraits qui illustrent des défauts humains caractéristiques comme la flatterie, la brutalité, la superstition, la vanité...

De la sotte vanité

La sotte vanité semble être une passion inquiète de se faire valoir par les plus petites choses, ou de chercher dans les sujets les plus frivoles [1] du nom et de la distinction. Ainsi un homme vain, s'il se trouve à un repas, affecte toujours de s'asseoir proche de celui qui l'a convié. Il consacre à Apollon la chevelure [2] d'un fils qui lui vient de naître ; et dès qu'il est parvenu à l'âge de puberté, il le conduit lui-même à Delphes [3], lui coupe les cheveux, et les dépose dans le temple comme un monument [4] d'un vœu solennel qu'il a accompli. Il aime à

---

1. ***Frivoles*** : voir note 1, p. 46.
2. ***Consacre à Apollon la chevelure*** : offre au dieu Apollon, comme un don symbolique, la chevelure.
3. ***Delphes*** : ville grecque où se trouvait le temple d'Apollon.
4. ***Monument*** : ici, témoignage.

se faire suivre par un More [1]. S'il fait un payement, il affecte que ce soit dans une monnaie toute neuve, et qui ne vienne que d'être frappée. Après qu'il a immolé un bœuf devant quelque autel [2], il se fait réserver la peau du front de cet animal, il l'orne de rubans et de fleurs, et l'attache à l'endroit de sa maison le plus exposé à la vue de ceux qui passent, afin que personne du peuple n'ignore qu'il a sacrifié un bœuf. Une autre fois, au retour d'une cavalcade qu'il aura faite avec d'autres citoyens, il renvoie chez soi par un valet tout son équipage, et ne garde qu'une riche robe dont il est habillé, et qu'il traîne le reste du jour dans la place publique. S'il lui meurt un petit chien, il l'enterre, lui dresse une épitaphe avec ces mots : *Il était de race de Malte* [3]. Il consacre un anneau à Esculape [4], qu'il use à force d'y pendre des couronnes de fleurs. Il se parfume tous les jours. Il remplit avec un grand faste [5] tout le temps de sa magistrature ; et sortant de charge, il rend compte au peuple avec ostentation des sacrifices qu'il a faits, comme du nombre et de la qualité des victimes qu'il a immolées. Alors, revêtu d'une robe blanche, et couronné de fleurs, il paraît dans l'assemblée du peuple : « Nous pouvons, dit-il, vous assurer, ô Athéniens, que pendant le temps de notre gouvernement nous avons sacrifié à Cybèle [6], et que nous lui avons rendu des honneurs tels que les mérite de nous la mère des Dieux : espérez donc toutes choses heureuses de cette déesse. » Après avoir parlé ainsi, il se retire dans sa maison, où il fait un long récit à sa femme de la manière dont tout lui a réussi au-delà même de ses souhaits.

Les Caractères de Théophraste, trad. du grec par La Bruyère, dans
La Bruyère, *Les Caractères*, GF-Flammarion, 1965, p. 66-67.

---

1. *More* : serviteur, esclave, originaire d'Afrique.
2. *Il a immolé un bœuf devant quelque autel* : le sacrifice rituel d'animaux était une pratique religieuse courante dans l'Antiquité.
3. *De race de Malte* : race de chien très estimée.
4. *Esculape* : dieu guérisseur.
5. *Faste* : étalage de magnificence.
6. *Cybèle* : déesse mère de la Terre, importée de Phrygie et assimilée au culte des Grecs et des Romains.

Il parle de lui-même en termes mélioratifs*	Il affiche sa richesse / son importance	Il est coquet	Il pratique sa religion de façon ostentatoire

1. Théophraste définit la vanité comme « une passion inquiète de se faire valoir », c'est-à-dire le souci permanent de se mettre en avant. Relevez dans le texte les différentes façons de se donner de l'importance en les classant dans le tableau ci-dessus.

2. Trouvez-vous des points communs avec le comportement de Jeannot dans *Jeannot et Colin* ?

 La Bruyère, *Les Caractères* (1688)

Homme de lettres, proche du prince de Condé (il a été le précepteur de son petit-fils), La Bruyère a eu tout loisir d'observer l'attitude des grands de France et de leurs courtisans. Ses *Caractères* sont autant une galerie de portraits satiriques qu'un recueil de traits d'esprit[1] d'une grande finesse, dont l'orgueil et la vanité sont les cibles privilégiées. Voici un extrait du portrait de Pamphile dans lequel on peut aisément reconnaître celui du vaniteux.

Un Pamphile est plein de lui-même, ne se perd pas de vue, ne sort point de l'idée de sa grandeur, de ses alliances, de sa charge, de sa dignité ; il ramasse, pour ainsi dire, toutes ses pièces, s'en enveloppe

---

1. *Traits d'esprit* : voir note 5, p. 49.

pour se faire valoir ; il dit : *Mon ordre, mon cordon bleu*[1] ; il l'étale ou il le cache par ostentation. Un Pamphile en un mot veut être grand, il croit l'être ; il ne l'est pas, il est d'après un grand. […]

Il est sévère et inexorable à qui n'a point encore fait sa fortune. Il vous aperçoit un jour dans une galerie, et il vous fuit ; et le lendemain, s'il vous trouve en un endroit moins public, ou s'il est public, en la compagnie d'un grand, il prend courage, il vient à vous, et il vous dit : *Vous ne faisiez pas hier semblant de nous voir.* Tantôt il vous quitte brusquement pour joindre un seigneur ou un premier commis ; et tantôt s'il les trouve avec vous en conversation, il vous coupe et vous les enlève.

Vous l'abordez une autre fois, et il ne s'arrête pas ; il se fait suivre, vous parle si haut que c'est une scène pour ceux qui passent. Aussi les Pamphiles sont-ils toujours comme sur un théâtre : gens nourris dans le faux, et qui ne haïssent rien tant que d'être naturels ; vrais personnages de comédie, des *Floridors*, des *Mondoris*[2].

La Bruyère, *Les Caractères*, « Des grands »,
GF-Flammarion, 1965, p. 238.

Chacun des trois paragraphes illustre une caractéristique du vaniteux : lesquelles ?

Molière, *Les Précieuses ridicules* (1660)

Dans l'ensemble de son œuvre, Jean-Baptiste Poquelin, plus connu sous le nom de Molière (1622-1673), s'est attaché à peindre les mœurs de son siècle. *Les Précieuses ridicules* sont deux jeunes bourgeoises qui imitent ce qu'elles pensent être la façon de vivre et de parler des femmes de la cour. Le dramaturge y fait la satire des

---

1. *Le cordon bleu de l'ordre du Saint-Esprit* : titre honorifique traduisant une très haute distinction dans l'aristocratie.
2. *Floridors*, *Mondoris* : noms de comédiens célèbres au XVIIe siècle.

bourgeois qui veulent s'élever au-dessus de leur condition, mais aussi de la frivolité extravagante de la cour de Louis XIV.

Gorgibus a arrangé une entrevue entre sa fille, sa nièce (les précieuses) et les hommes à qui il souhaite les marier. Ceux-ci se retirent, apparemment mécontents. Gorgibus s'en étonne et veut obtenir des explications.

Scène 3

MAROTTE, GORGIBUS

MAROTTE

Que désirez-vous, Monsieur ?

GORGIBUS

Où sont vos maîtresses ?

MAROTTE

Dans leur cabinet [1].

GORGIBUS

Que font-elles ?

MAROTTE

De la pommade pour les lèvres.

GORGIBUS

C'est trop pommadé. Dites-leur qu'elles descendent. Ces pendardes-là [2], avec leur pommade, ont, je pense, envie de me ruiner. Je ne vois partout que blancs d'œufs, lait virginal, et mille autres brimborions [3] que je ne connais point. Elles ont usé, depuis que nous sommes ici, le lard d'une douzaine de cochons, pour le moins, et quatre valets vivraient tous les jours des pieds de mouton [4] qu'elles emploient.

---

1. **Cabinet** : voir note 3, p. 39.
2. **Pendardes** : coquines, personnes qui méritent d'être pendues.
3. **Brimborions** : babioles, choses de peu de valeur.
4. **Le lard d'une douzaine de cochons** ; **pieds de mouton** : la graisse animale était à l'époque largement utilisée pour l'élaboration des produits cosmétiques.

Scène 4

MAGDELON, CATHOS, GORGIBUS

GORGIBUS

Il est bien nécessaire, vraiment, de faire tant de dépense pour vous graisser le museau. Dites-moi un peu ce que vous avez fait à ces Messieurs, que je les vois sortir avec tant de froideur ? Vous avais-je pas [1] commandé de les recevoir comme des personnes que je voulais vous donner pour maris ?

MAGDELON

Et quelle estime, mon père, voulez-vous que nous fassions du procédé irrégulier [2] de ces gens-là ?

CATHOS

Le moyen [3], mon oncle, qu'une fille un peu raisonnable se pût accommoder de leur personne ?

GORGIBUS

Et qu'y trouvez-vous à redire ?

MAGDELON

La belle galanterie que la leur ! Quoi, débuter d'abord par le mariage !

GORGIBUS

Et par où veux-tu donc qu'ils débutent ? par le concubinage [4] ? N'est-ce pas un procédé dont vous avez sujet de vous louer [5] toutes deux aussi bien que moi ? Est-il rien de plus obligeant [6] que cela ? Et ce lien sacré où ils aspirent n'est-il pas un témoignage de l'honnêteté de leurs intentions ?

---

1. *Vous avais-je pas* : forme ancienne pour « ne vous avais-je pas ».
2. *Irrégulier* : non conforme aux règles.
3. *Le moyen* : par quel moyen.
4. *Concubinage* : fait de vivre en couple sans être marié (inconvenant à l'époque).
5. *Vous louer* : vous réjouir.
6. *Obligeant* : attentionné, délicat.

MAGDELON

Ah ! mon père, ce que vous dites là est du dernier bourgeois [1]. Cela me fait honte de vous ouïr parler de la sorte, et vous devriez un peu vous faire apprendre le bel air [2] des choses.

GORGIBUS

Je n'ai que faire ni d'air ni de chanson. Je te dis que le mariage est une chose simple et sacrée, et que c'est faire en [3] honnêtes gens que de débuter par là.

MAGDELON

Mon Dieu, que, si tout le monde vous ressemblait, un roman serait bientôt fini ! La belle chose, que ce serait si d'abord Cyrus épousait Mandane, et qu'Aronce de plain-pied [4] fût marié à Clélie [5] ?

GORGIBUS

Que me vient conter celle-ci ?

MAGDELON

Mon père, voilà ma cousine qui vous dira, aussi bien que moi, que le mariage ne doit jamais arriver qu'après les autres aventures. Il faut qu'un amant, pour être agréable, sache débiter les beaux sentiments, pousser [6] le doux, le tendre, et le passionné, et que sa recherche soit dans les formes [7]. [...] Mais en venir de but en blanc [8] à l'union conjugale, ne faire l'amour [9] qu'en faisant le contrat du mariage, et prendre justement le roman par la queue [10] ! encore un coup, mon père,

---

1. *Du dernier bourgeois* : typiquement bourgeois. Désigne un manque total de raffinement.

2. *Le bel air* : la belle manière.

3. *Faire en* : se comporter en.

4. *De plain-pied* : dès le début.

5. *Cyrus*, *Mandane*, *Aronce*, *Clélie* : personnages de romans précieux de Mlle de Scudéry, en vogue à l'époque.

6. *Pousser* : exprimer.

7. *Que sa recherche soit dans les formes* : qu'il respecte toutes les étapes convenues de la séduction.

8. *De but en blanc* : de façon directe.

9. *Faire l'amour* : voir note 7, p. 66.

10. *Prendre [...] le roman par la queue* : commencer l'histoire d'amour par la fin (le mariage).

il ne se peut rien de plus marchand [1] que ce procédé ; et j'ai mal au cœur de la seule vision que cela me fait.

GORGIBUS

Quel diable de jargon [2] entends-je ici ? Voici bien du haut style.

CATHOS

En effet, mon oncle, ma cousine donne dans le vrai de la chose. Le moyen de bien recevoir des gens qui sont tout à fait incongrus [3] en galanterie ? [...] Ne voyez-vous pas que toute leur personne marque cela, et qu'ils n'ont point cet air qui donne d'abord [4] bonne opinion des gens ? Venir en visite amoureuse avec une jambe toute unie [5], un chapeau désarmé de plumes, une tête irrégulière en cheveux, et un habit qui souffre une indigence de rubans !... mon Dieu, quels amants sont-ce là ! Quelle frugalité d'ajustement [6] et quelle sécheresse de conversation ! On n'y dure point, on n'y tient pas. J'ai remarqué encore que leurs rabats [7] ne sont pas de la bonne faiseuse [8], et qu'il s'en faut plus d'un grand demi-pied que leurs hauts-de-chausses [9] ne soient assez larges.

GORGIBUS

Je pense qu'elles sont folles toutes deux, et je ne puis rien comprendre à ce baragouin. Cathos, et vous, Magdelon...

MAGDELON

Eh ! de grâce, mon père, défaites-vous de ces noms étranges, et nous appelez [10] autrement.

---

1. *Marchand* : trivial, vulgaire.
2. *Jargon* : ici, façon de parler incompréhensible.
3. *Incongrus* : ignorants des convenances.
4. *D'abord* : immédiatement.
5. *Unie* : dépourvue d'ornement.
6. *Frugalité d'ajustement* : ici, manque de recherche dans la façon de s'habiller.
7. *Rabats* : cols rabattus.
8. *Faiseuse* : ouvrière.
9. *Hauts-de-chausses* : culottes descendant jusqu'aux genoux.
10. *Nous appelez* : appelez-nous.

Comment, ces noms étranges ! Ne sont-ce pas vos noms de baptême ?

MAGDELON

Mon Dieu, que vous êtes vulgaire ! Pour moi, un de mes étonnements, c'est que vous ayez pu faire une fille si spirituelle que moi. A-t-on jamais parlé dans le beau style de Cathos ni de Magdelon ? et ne m'avouerez-vous pas que ce serait assez d'un de ces noms pour décrier [1] le plus beau roman du monde ?

CATHOS

Il est vrai, mon oncle, qu'une oreille un peu délicate pâtit [2] furieusement à entendre prononcer ces mots-là ; et le nom de Polyxène que ma cousine a choisi, et celui d'Aminte que je me suis donné, ont une grâce dont il faut que vous demeuriez d'accord. [...]

GORGIBUS

Il n'en faut point douter, elles sont achevées [3]. Encore un coup, je n'entends rien à toutes ces balivernes ; je veux être maître absolu ; et pour trancher toutes sortes de discours, ou vous serez mariées toutes deux avant qu'il soit peu, ou, ma foi ! vous serez religieuses : j'en fais un bon serment.

> Molière, *Les Précieuses ridicules*, Flammarion, coll. « Étonnants Classiques », 2007, scènes 3 et 4, p. 30-37.

1. À quoi Magdelon et Cathos sont-elles occupées dans la scène 3 ?

2. Pour quelles raisons repoussent-elles les prétendants que Gorgibus leur a présentés ?

3. Quel reproche Cathos fait-elle à ces prétendants ?

4. « Bourgeois » ; « vulgaire » ; « marchand » : comprenez-vous le reproche que formulent les précieuses à travers ces termes ?

5. Quels prénoms les précieuses se sont-elles choisis ? Qu'en pensez-vous ?

---

1. *Décrier* : discréditer.
2. *Pâtit* : souffre.
3. *Achevées* : ici, folles.

6. Par quels procédés Molière rend-il ces jeunes femmes ridicules ?

 ## Antoine de Saint-Exupéry, *Le Petit Prince* (1943)

Écrivain et aviateur passionné, Antoine de Saint-Exupéry (1900-1944) nourrit ses livres de réflexions tirées de ses nombreuses aventures. Il oppose ainsi le mode de vie de nos sociétés « modernes » à celui des populations du désert dont il admire la sobriété, l'économie et la beauté. *Le Petit Prince*, publié en 1943, est un de ses textes les plus célèbres. Il s'agit d'un conte philosophique dans lequel un enfant, voyageant de planète en planète, fait la rencontre de divers personnages dont le comportement absurde l'étonne. On retrouve des types, tels que le « buveur », le « businessman », le « monarque absolu » et, bien entendu, le « vaniteux » ; chacun d'eux pouvant être interprété comme une allégorie visant à ridiculiser les apparences sociales convenues du monde des adultes.

Chapitre XI

La seconde planète était habitée par un vaniteux :

« Ah ! Ah ! Voilà la visite d'un admirateur ! » s'écria de loin le vaniteux dès qu'il aperçut le Petit Prince.

Car, pour les vaniteux, les autres hommes sont des admirateurs.

« Bonjour, dit le Petit Prince. Vous avez un drôle de chapeau.

– C'est pour saluer, lui répondit le vaniteux. C'est pour saluer quand on m'acclame. Malheureusement il ne passe jamais personne par ici.

– Ah oui ? dit le Petit Prince qui ne comprit pas.

– Frappe tes mains l'une contre l'autre », conseilla donc le vaniteux.

Le Petit Prince frappa ses mains l'une contre l'autre. Le vaniteux salua modestement en soulevant son chapeau.

«Ça, c'est plus amusant que la visite au roi», se dit en lui-même le Petit Prince. Et il recommença de frapper ses mains l'une contre l'autre. Le vaniteux recommença de saluer en soulevant son chapeau.

Après cinq minutes d'exercice le Petit Prince se fatigua de la monotonie du jeu :

«Et, pour que le chapeau tombe, demanda-t-il, que faut-il faire?»

Mais le vaniteux ne l'entendit pas. Les vaniteux n'entendent jamais que les louanges.

«Est-ce que tu m'admires vraiment beaucoup? demanda-t-il au Petit Prince.

– Qu'est-ce que signifie "admirer"?

– "Admirer" signifie reconnaître que je suis l'homme le plus beau, le mieux habillé, le plus riche et le plus intelligent de la planète.

– Mais tu es seul sur ta planète!

– Fais-moi ce plaisir. Admire-moi quand même!

– Je t'admire, dit le Petit Prince, en haussant un peu les épaules, mais en quoi cela peut-il bien t'intéresser?»

Et le Petit Prince s'en fut.

«Les grandes personnes sont décidément bien bizarres», se dit-il simplement en lui-même durant son voyage.

Antoine de Saint-Exupéry, *Le Petit Prince*,
© Éditions Gallimard, 1946, chap. XI, p. 42-44.

1. «Pour les vaniteux, les autres hommes sont des admirateurs»; «Les vaniteux n'entendent jamais que les louanges» : qu'est-ce qui fait l'efficacité argumentative de ces phrases?

2. Qu'est-ce qui rend absurde le comportement du vaniteux?

3. Finalement, quel sentiment éprouvez-vous à l'égard de ce personnage?

4. Observez l'aquarelle qui accompagne ce chapitre dans l'édition originale (voir p. 3 du cahier photos) : quelles caractéristiques du vaniteux sont mises en évidence par le dessin?

Histoire des arts

Dénoncer la vanité en images

Vous vous appuierez sur le cahier photos central pour répondre aux questions suivantes.

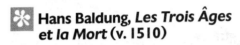 Hans Baldung, *Les Trois Âges et la Mort* (v. 1510)

1. Quel personnage représente la vanité ? À quoi le reconnaissez-vous ?
2. Que représente le personnage de droite ? Que tient-il au-dessus de la tête de la jeune femme ? Quel est le sens de ce geste ?

Franck Cadogan Cowper, *Vanity* (1907)

1. Que fait la jeune fille pendant qu'elle pose pour le peintre ? Pourquoi ?
2. Quels traits de personnalité sont mis en évidence dans ce portrait ?

Antoine de Saint-Exupéry, *Le Petit Prince*, aquarelle illustrant le chapitre XI (1943)

Quelles caractéristiques du vaniteux l'aquarelle révèle-t-elle ?

 Le phénomène « selfie » : photographie de Léa Seydoux au Festival de Cannes (2014)

1. Pourquoi les photographes sont-ils rassemblés à cet endroit ?
2. D'après vous, pourquoi l'actrice réalise-t-elle ce selfie ?

3. Voyez-vous dans la pratique du « selfie » une forme de vanité ? Vous établirez une liste d'arguments pour débattre de cette question en classe.

Pour aller plus loin

 ## Candide à la guerre

Candide ou l'Optimisme (1759) est le plus célèbre des contes philosophiques de Voltaire. Dans celui-ci, il attaque l'optimisme du philosophe allemand Leibniz (1646-1716). Candide, le héros, est un jeune garçon un peu naïf qui, selon ce que lui enseigne son maître à penser, croit que « tout est pour le mieux dans le meilleur des mondes possibles ».

Au début du conte, Candide est chassé du château de Thunder-ten-tronckh pour avoir aimé Cunégonde, la fille du baron. C'est le commencement d'un long voyage. Au chapitre III, dans lequel se situe l'épisode rapporté ci-dessous, Candide a été enrôlé de force dans l'armée des Bulgares, en guerre contre celle des Abares [1].

Chapitre III
Comment Candide se sauva
d'entre les Bulgares, et ce qu'il devint

Rien n'était si beau, si leste [2], si brillant, si bien ordonné que les deux armées. Les trompettes, les fifres [3], les hautbois, les tambours,

---

1. *Abares* : peuple scythe (comme les Bulgares), qui ravagea l'Europe orientale du VIᵉ au IXᵉ siècle. Ils représentent, sous la plume de Voltaire, les soldats français opposés aux troupes de Frédéric II au cours de la guerre de Sept Ans.
2. *Leste* : ici, élégant (sens étymologique).
3. *Fifres* : petites flûtes en bois au son aigu.

les canons, formaient une harmonie telle qu'il n'y en eut jamais en enfer. Les canons renversèrent d'abord à peu près six mille hommes de chaque côté ; ensuite la mousqueterie [1] ôta du meilleur des mondes environ neuf à dix mille coquins qui en infectaient la surface. La baïonnette [2] fut aussi la raison suffisante de la mort de quelques milliers d'hommes. Le tout pouvait bien se monter à une trentaine de mille âmes. Candide, qui tremblait comme un philosophe, se cacha du mieux qu'il put pendant cette boucherie héroïque.

Enfin, tandis que les deux rois faisaient chanter des *Te Deum* [3], chacun dans son camp, il prit le parti d'aller raisonner ailleurs des effets et des causes. Il passa par-dessus des tas de morts et de mourants, et gagna d'abord un village voisin ; il était en cendres : c'était un village abare que les Bulgares avaient brûlé, selon les lois du droit public [4]. Ici des vieillards criblés de coups regardaient mourir leurs femmes égorgées, qui tenaient leurs enfants à leurs mamelles sanglantes ; là des filles éventrées après avoir assouvi les besoins naturels de quelques héros [5], rendaient les derniers soupirs ; d'autres, à demi brûlées, criaient qu'on achevât de leur donner la mort. Des cervelles étaient répandues sur la terre à côté de bras et de jambes coupés.

Candide s'enfuit au plus vite dans un autre village : il appartenait à des Bulgares, et des héros abares l'avaient traité de même. Candide, toujours marchant sur des membres palpitants, ou à travers des ruines, arriva enfin hors du théâtre de la guerre, portant quelques petites provisions dans son bissac [6], et n'oubliant jamais mademoiselle Cunégonde.

Voltaire, *Candide*, Flammarion, coll. « Étonnants Classiques », 2012 ; éd. revue, 2014, chap. III, p. 50-51.

---

1. *Mousqueterie* : décharge de mousquets (armes à feu).
2. *Baïonnette* : arme pointue qui s'adapte au canon d'un fusil.
3. *Te Deum* : cantique de louanges à Dieu.
4. *Droit public* : droit international.
5. *Après avoir assouvi les besoins naturels de quelques héros* : après avoir été violées par des soldats.
6. *Bissac* : sac de voyage, besace.

Étudiez les formes que prend la dénonciation de la guerre et comparez-les avec celles que vous avez étudiées dans le chapitre I du *Monde comme il va* (voir microlecture n° 1, p. 82).

Un tableau de Paris au XVIIIᵉ siècle

Louis Sébastien Mercier (1740-1814) connaît un grand succès avec la publication du *Tableau de Paris* (1781). Cette œuvre, dont la version finale comporte douze volumes, est un guide complet de la capitale au XVIIIᵉ siècle. Excellent observateur de la vie parisienne, l'auteur multiplie les descriptions pittoresques. Voici celle du faubourg Saint-Marcel, qui était alors le quartier le plus misérable de Paris, et auquel Voltaire fait lui aussi allusion dans le chapitre II du *Monde comme il va* (p. 35).

« Le Faubourg Saint-Marcel »

C'est le quartier où habite la populace de Paris, la plus pauvre, la plus remuante et la plus indisciplinable. Il y a plus d'argent dans une seule maison du faubourg Saint-Honoré, que dans tout le faubourg Saint-Marcel, ou Saint-Marceau, pris collectivement.

C'est dans ces habitations éloignées du mouvement central de la ville, que se cachent les hommes ruinés, les misanthropes [1], les alchimistes [2], les maniaques, les rentiers [3] bornés, et aussi quelques sages studieux, qui cherchent réellement la solitude, et qui veulent vivre absolument ignorés et séparés des quartiers bruyants des spectacles. Jamais personne n'ira les chercher à cette extrémité de la

---

1. *Misanthropes* : personnes qui n'aiment pas le genre humain et affectionnent la solitude.

2. *Alchimistes* : personnes qui pratiquent l'alchimie, science occulte qui tend à la réalisation du grand œuvre (transformation des métaux en or, recherche de la pierre philosophale), menant à l'immortalité.

3. *Rentiers* : personnes qui ont des rentes (revenus fixes que procure un bien), et qui en vivent.

ville : si l'on fait un voyage dans ce pays-là, c'est par curiosité ; rien ne vous y appelle ; il n'y a pas un seul monument à y voir ; c'est un peuple qui n'a aucun rapport avec les Parisiens, habitants polis des bords de la Seine.

Ce fut dans ce quartier que l'on dansa sur le cercueil du diacre Pâris [1], et qu'on mangea de la terre de son tombeau, jusqu'à ce qu'on eût fermé le cimetière :

De par le roi, défense à Dieu
De faire miracle en ce lieu [2].

Les séditions et les mutineries [3] ont leur origine cachée dans ce foyer de la misère obscure.

Les maisons n'y ont point d'autre horloge que le cours du soleil ; ce sont des hommes reculés de trois siècles par rapport aux arts et aux mœurs régnantes. […]

Une famille entière occupe une seule chambre, où l'on voit les quatre murailles, où les grabats [4] sont sans rideaux, où les ustensiles de cuisine roulent avec les vases de nuit [5]. Les meubles en totalité ne valent pas vingt écus ; et tous les trois mois les habitants changent de trou, parce qu'on les chasse faute de paiement du loyer. Ils errent ainsi, et promènent leurs misérables meubles d'asile [6] en asile. On ne voit point de souliers dans ces demeures ; on n'entend le long des escaliers que le bruit des sabots. Les enfants y sont nus et couchent pêle-mêle.

Louis Sébastien Mercier, *Tableau de Paris*, chap. LXXXV, « Le Faubourg Saint-Marcel », Amsterdam, [s. éd.], 1782, p. 268-271.

---

1. Voir *Le monde comme il va*, chap. VII, p. 48.
2. Le 27 janvier 1732, une ordonnance décida de la fermeture du cimetière Saint-Médard qui abritait le tombeau du diacre François de Pâris depuis 1727, objet de démonstrations exaltées (voir note 3, p. 48).
3. *Séditions*, *mutineries* : synonymes* de révoltes.
4. *Grabats* : lits misérables.
5. *Vases de nuit* : pots de chambre.
6. *Asile* : abri, refuge.

Tout comme Voltaire, Mercier déplore l'insalubrité de nombreux quartiers de la capitale, et plus particulièrement dans ce chapitre du *Tableau de Paris* intitulé « L'Air vicié ».

« L'Air vicié »

[...] Des rues étroites et mal percées, des maisons trop hautes et qui interrompent la libre circulation de l'air, des boucheries, des poissonneries, des égouts, des cimetières, font que l'atmosphère se corrompt, se charge de particules impures, et que cet air renfermé devient pesant et d'une influence maligne. [...]

L'odeur cadavéreuse se fait sentir dans presque toutes les églises ; de là l'éloignement de beaucoup de personnes qui ne veulent plus y mettre le pied. Le vœu des citoyens, les arrêts du parlement, les réclamations, tout a été inutile : les exhalaisons sépulcrales[1] continuent à empoisonner les fidèles. On prétend néanmoins que l'on prend une odeur de moisi ou de cave qui règne dans ces amas énormes de pierres, pour une odeur de mort. L'on m'a certifié que les cadavres sont transportés dans les cimetières la nuit qui suit l'enterrement, et qu'il n'en reste pas un seul dans les caveaux des églises, à moins qu'ils ne soient murés ; distinction rarement accordée[2]. [...]

Les maisons sont puantes, et les habitants perpétuellement incommodés. Chacun a dans sa maison des magasins de corruption[3] ; il s'exhale une vapeur infecte de cette multitude de fosses d'aisance[4]. Leurs vidanges nocturnes répandent l'infection dans tout un quartier, coûtent la vie à plusieurs malheureux, dont on peut apprécier la misère par l'emploi périlleux et dégoûtant auquel ils se livrent.

Ces fosses, souvent mal construites, laissent échapper la matière dans les puits voisins. Les boulangers qui sont dans l'habitude de se servir de l'eau des puits, ne s'en abstiennent pas pour cela ; et

---

1. *Exhalaisons sépulcrales* : odeurs provenant des tombeaux.
2. Voir *Le monde comme il va*, chap. II, p. 36-37.
3. *Magasins de corruption* : endroits malsains.
4. *Fosses d'aisance* : fosses septiques.

l'aliment le plus ordinaire est nécessairement imprégné de ces parties méphitiques [1] et malfaisantes.

Les vidangeurs aussi, pour s'épargner la peine de transporter les matières fécales hors de la ville, les versent au point du jour dans les égouts et dans les ruisseaux. Cette épouvantable lie [2] s'achemine lentement le long des rues vers la rivière de Seine, et en infecte les bords, où les porteurs d'eau puisent le matin dans leurs seaux l'eau que les insensibles Parisiens sont obligés de boire.

Quelque chose de plus incroyable encore, c'est que les cadavres que volent ou qu'achètent les jeunes chirurgiens pour s'exercer dans l'anatomie, sont souvent coupés par morceaux, et jetés dans les fosses d'aisance. À leur ouverture, l'œil est quelquefois frappé de ces horribles débris anatomiques, qui réveillent des idées de forfaits [3].

Ibid., chap. XLIII, «L'Air vicié», p. 126-130.

Étudiez dans ce passage le lexique* qui rend compte de l'insalubrité de la ville de Paris.

 «La meilleure façon de louer, c'est de louer avec les mains»

Le Bourgeois gentilhomme (1670) est une comédie-ballet de Molière (1622-1673). Le personnage principal, M. Jourdain, est un bourgeois qui envie la noblesse. Dans la scène d'exposition, les professeurs de danse et de musique parlent de ce riche ignorant qui les emploie.

---

1. *Méphitiques* : se dit d'exhalaisons toxiques et puantes.
2. *Lie* : résidu, dépôt.
3. *Forfaits* : crimes.

Acte premier
Scène première

MAÎTRE DE MUSIQUE, MAÎTRE À DANSER,

TROIS MUSICIENS, DEUX VIOLONS, QUATRE DANSEURS

MAÎTRE À DANSER. – Nos occupations, à vous et à moi, ne sont pas petites maintenant.

MAÎTRE DE MUSIQUE. – Il est vrai. Nous avons trouvé ici un homme comme il nous le faut à tous deux ; ce nous est une douce rente [1] que ce M. Jourdain, avec les visions [2] de noblesse et de galanterie [3] qu'il est allé se mettre en tête ; et votre danse et ma musique auraient à souhaiter que tout le monde lui ressemblât.

MAÎTRE À DANSER. – Non pas entièrement ; et je voudrais pour lui qu'il se connût mieux qu'il ne fait aux choses que nous lui donnons [4].

MAÎTRE DE MUSIQUE. – Il est vrai qu'il les connaît mal, mais il les paye bien ; et c'est de quoi maintenant nos arts ont plus besoin que de toute autre chose.

MAÎTRE À DANSER. – Pour moi, je vous l'avoue, je me repais [5] un peu de gloire [6] ; les applaudissements me touchent ; et je tiens que, dans tous les beaux-arts, c'est un supplice assez fâcheux que de se produire [7] à des sots, que d'essuyer [8] sur des compositions la barbarie d'un stupide. Il y a plaisir, ne m'en parlez point [9], à travailler pour des personnes qui soient capables de sentir les délicatesses d'un art, qui sachent faire un

---

1. *Rente* : voir note 3, p. 112.
2. *Visions* : idées folles.
3. *Galanterie* : voir note 6, p. 54.
4. *Qu'il se connût mieux* [...] *nous lui donnons* : qu'il eût une meilleure connaissance, que celle qu'il a réellement, des arts que nous lui enseignons.
5. *Je me repais* : je me nourris.
6. *Gloire* : ici, honneurs.
7. *Se produire* : présenter son travail.
8. *D'essuyer* : de supporter.
9. *Ne m'en parlez point* : cela va sans dire.

doux accueil aux beautés d'un ouvrage, et par de chatouillantes[1] approbations vous régaler[2] de votre travail. Oui, la récompense la plus agréable qu'on puisse recevoir des choses que l'on fait, c'est de les voir connues, de les voir caressées[3] d'un applaudissement qui vous honore. Il n'y a rien, à mon avis, qui nous paye mieux que cela de toutes nos fatigues ; et ce sont des douceurs exquises que des louanges éclairées[4].

MAÎTRE DE MUSIQUE. – J'en demeure d'accord, et je les goûte comme vous. Il n'y a rien assurément qui chatouille davantage que les applaudissements que vous dites. Mais cet encens[5] ne fait pas vivre ; des louanges toutes pures ne mettent point un homme à son aise : il y faut mêler du solide ; et la meilleure façon de louer, c'est de louer avec les mains[6]. C'est un homme, à la vérité, dont les lumières[7] sont petites, qui parle à tort et à travers de toutes choses, et n'applaudit qu'à contresens ; mais son argent redresse les jugements de son esprit ; il a du discernement dans sa bourse ; ses louanges sont monnayées ; et ce bourgeois ignorant nous vaut mieux, comme vous voyez, que le grand seigneur éclairé qui nous a introduits ici.

MAÎTRE À DANSER. – Il y a quelque chose de vrai dans ce que vous dites ; mais je trouve que vous appuyez un peu trop sur l'argent ; et l'intérêt est quelque chose de si bas qu'il ne faut jamais qu'un honnête homme[8] montre pour lui de l'attachement.

MAÎTRE DE MUSIQUE. – Vous recevez fort bien pourtant l'argent que notre homme vous donne.

---

1. *Chatouillantes* : agréables.
2. *Régaler* : récompenser.
3. *Caressées* : flattées.
4. *Louanges éclairées* : compliments formulés par des personnes instruites dont le jugement sûr est « éclairé » par la connaissance et la raison (voir note 6, p. 53).
5. *Encens* : ici, flatterie.
6. *Louer avec les mains* : louer en payant, et non en applaudissant.
7. *Les lumières* : les connaissances, le savoir.
8. *Honnête homme* : homme du monde (voir note 5, p. 38).

MAÎTRE À DANSER. – Assurément ; mais je n'en fais pas tout mon bonheur, et je voudrais qu'avec son bien il eût encore quelque bon goût des choses.

MAÎTRE DE MUSIQUE. – Je le voudrais aussi, et c'est à quoi nous travaillons tous deux autant que nous pouvons. Mais, en tout cas, il nous donne moyen de nous faire connaître dans le monde ; et il paiera pour les autres ce que les autres loueront pour lui.

MAÎTRE À DANSER. – Le voilà qui vient.

Molière, *Le Bourgeois gentilhomme*, Flammarion, coll. « Étonnants Classiques », 2010 ; éd. revue, 2013, acte I, scène 1, p. 36-38.

Analysez puis comparez le thème du rapport de l'art et de l'argent dans ce texte et dans *Jeannot et Colin*.

Un livre, un film

Une époque formidable... de Gérard Jugnot (France, 1991)

Gérard Jugnot, le réalisateur d'*Une époque formidable...*, s'est d'abord fait connaître en tant que comédien comique. Membre fondateur de la troupe du Splendid qu'il crée avec ses anciens camarades de lycée Christian Clavier, Thierry Lhermitte et Michel Blanc, il prend part au succès des films *Les Bronzés* (1978) et *Le père Noël est une ordure* (1982), écrits et interprétés par le collectif. Par la suite, Jugnot réalise des films doux-amers, axés sur le quotidien des petites gens, comme *Pinot simple flic* (1984) ou *Scout toujours...* (1985). *Une époque formidable...* appartient à cette dernière veine.

Comme le conte philosophique *Jeannot et Colin*, *Une époque formidable...* met en scène un personnage confronté à un brutal changement de statut. Le film donne en effet à voir la déchéance sociale de Michel Berthier, cadre moyen qui peine à retrouver un emploi après son licenciement. Quasiment du jour au lendemain, le héros quitte son petit pavillon pour les abris sordides et les nuits troubles des « sans domicile fixe » (SDF). Il découvre un univers rude, bien éloigné de celui qu'il connaissait, et dont il doit rapidement assimiler les codes. Il faut dire que, aujourd'hui comme à l'époque de Voltaire, « quand on a été trois jours dans le corps d'une baleine, on n'est pas de si bonne humeur que quand on a été à l'opéra, à la comédie, et qu'on a soupé en bonne compagnie » (*Le monde comme il va*, p. 59).

À travers le personnage de Berthier, le réalisateur oppose deux mondes : celui des nantis[1] et celui des SDF. Comme la Persépolis que visite Babouc, Paris a plusieurs visages, et les lieux « barbare[s] », « dont la rusticité dégoûtante offens[e] les yeux », contrastent avec les maisons « propre[s] et ornée[s] » et les « repas délicieux » (p. 35-38). Mais, malgré la misère sociale, le film, comme le conte *Jeannot et Colin*, montre le triomphe des qualités humaines : le sens de l'entraide, la sincérité, la fidélité et la capacité à pardonner, qui échappent, en dépit de tout, à l'emprise de l'argent.

Analyse d'ensemble

1. Le film s'ouvre sur un cauchemar. Pourquoi le réalisateur fait-il ce choix ? Quel est l'intérêt de cette première scène si l'on considère le dénouement du film ?

2. Pourquoi, selon vous, les SDF sont-ils désignés par des surnoms ?

3. Que pensez-vous des relations que Berthier entretient, au début de l'histoire, avec les membres de sa famille et ses collègues de travail ? Pourra-t-il s'exclamer, comme Jeannot, « quelle instruction ! » à la fin de son aventure ?

---

1. *Nantis* : personnes aisées.

Analyse de séquences

L'arrivée au centre d'aide sociale (de 00.41.14 à 00.43.17)

Berthier arrive au centre en compagnie de Crayon, Mimosa et du Toubib. Mais une équipe de télévision est déjà sur place.

1. Que pensez-vous des vêtements de la journaliste et de sa façon de parler ?

2. On peut voir dans le reportage de la journaliste une mise en abyme* du film de Gérard Jugnot : dans les deux cas, il s'agit de regarder les pauvres gens. Quelles différences distinguent le film du travail de la journaliste ?

3. Que pensez-vous du fait que Le Toubib et ses amis passent devant tout le monde ?

Les retrouvailles finales (de 01.28.33 à 01.32.17)

À la fin du film, convaincu par son fils, Berthier rejoint son épouse. Le dénouement est proche de celui de *Jeannot et Colin* : si Berthier, comme le héros de Voltaire, paraît « éperdu [...], partagé entre la douleur et la joie, la tendresse et la honte » (p. 76), Juliette, semblable en cela à Colin, n'hésite pas un instant à lui pardonner.

1. Pourquoi Berthier feint-il une rencontre par hasard ?

2. Commentez le choix de placer cette rencontre sur des escaliers et des escalators.

3. Que pensez-vous de la valise et de son contenu ?

4. La fin du film est-elle une « *happy end* », c'est-à-dire une résolution générale des problèmes ?

Bibliographie et filmographie

 ## Bibliographie

Sur le XVIIIᵉ siècle

DARBEAU, Bertrand, *Les Lumières*, Flammarion, coll. « Étonnants Classiques », 2002.

EHRARD, Jean et POMEAU, René, *Littérature française. De Fénelon à Voltaire*, t. V, Arthaud, 1989.

GOLDZINK, Jean, *Histoire de la littérature française : XVIIIᵉ siècle*, Bordas, 1988.

De Voltaire

Romans et contes, éd. René Pomeau, GF-Flammarion, 1966.

Romans et contes, éd. Frédéric Deloffre, Gallimard, coll. « Bibliothèque de la Pléiade », 1979.

Sur Voltaire

GOLDZINK, Jean, *Voltaire. La Légende de saint Arouet*, Gallimard, coll. « Découvertes », 1989.

– *Voltaire*, Hachette, coll. « Portraits littéraires », 1994.

POMEAU, René, *Voltaire*, Le Seuil, coll. « Écrivains de toujours » [1955], 1994.

VAN DEN HEUVEL, Jacques, *Voltaire dans ses contes*, Armand Colin, 1967.

Textes complémentaires

MERCIER, *Tableau de Paris*, La Découverte, 1989.

MOLIÈRE, *Le Bourgeois gentilhomme*, Flammarion, coll. « Étonnants Classiques », 2010 ; éd. revue, 2013.

VOLTAIRE, *Candide*, Flammarion, coll. « Étonnants Classiques », 2012 ; éd. revue 2014.

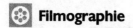 **Filmographie**

Cuniot, Alain, *L'Or et le Plomb ou Paris comme il va*, avec Emmanuelle Riva et Max-Pol Fouchet, 1966.